新时代●管理新思维

绩效管理与考核全案

胡华成 著

PERFORMANCE MANAGEMENT

清华大学出版社
北京

内 容 简 介

公司的发展归根结底是由人来推动的，通过绩效管理对员工工作进行合理且公正的评定与认可，激励员工高效工作，变得日益重要。

本书从四个模块介绍了绩效管理体系的构成和基本内容——包括制订绩效计划、绩效辅导、绩效考核和绩效反馈，并阐述了每个模块的具体实施方法。而且书中还提供了大量实用性的表格，方便读者理解和使用。

通过阅读本书，读者可以从战略到执行层面系统地分析和解决绩效问题，掌握绩效管理方法，继而灵活应用到工作的不同情境中。本书不仅适合人力资源从业人员使用，而且可以为公司各级管理者提供管理方法借鉴，可以作为公司培训管理咨询界以及高校相关专业本科生的学习材料。

本书封面贴有清华大学出版社防伪标签，无标签者不得销售。

版权所有，侵权必究。举报：010-62782989，beiqinquan@tup.tsinghua.edu.cn。

图书在版编目(CIP)数据

绩效管理与考核全案/胡华成著．—北京：清华大学出版社，2019（2025.4重印）
（新时代·管理新思维）
ISBN 978-7-302-52061-0

Ⅰ．①绩… Ⅱ．①胡… Ⅲ．①企业绩效－企业管理 Ⅳ．① F272.5

中国版本图书馆 CIP 数据核字（2019）第 009030 号

责任编辑：刘　洋
封面设计：徐　超
版式设计：方加青
责任校对：宋玉莲
责任印制：丛怀宇

出版发行：清华大学出版社
网　　址：https://www.tup.com.cn，https://www.wqxuetang.com
地　　址：北京清华大学学研大厦 A 座　　邮　编：100084
社 总 机：010-83470000　　邮　购：010-62786544
投稿与读者服务：010-62776969，c-service@tup.tsinghua.edu.cn
质 量 反 馈：010-62772015，zhiliang@tup.tsinghua.edu.cn

印 装 者：三河市东方印刷有限公司
经　　销：全国新华书店
开　　本：170mm×240mm　　印　张：16.25　　字　数：242 千字
版　　次：2019 年 6 月第 1 版　　印　次：2025 年 4 月第 10 次印刷
定　　价：59.00 元

产品编号：081877-01

松下电器创始人松下幸之助说:"不管有无制度,经营上总是要经常对人进行考核;如果缺少对业绩、能力的制度性考核,我们只能依赖一线监督者的意见做出人事安排,稍有疏忽,就会出现不平、不公,导致员工不满,影响员工士气,降低工作效率等。"绩效管理是公司人事管理的重要内容,更是公司强有力的管理手段之一。

现在公司之间的竞争,不仅仅是管理者个人能力的竞争,更重要的是公司人才和管理体系的竞争,因此,推行绩效管理是公司生存和发展的必要条件。

绩效管理实质上是一种激励机制,几乎涵盖了公司对员工的所有管理,强调的是与员工的沟通,公正、公平、公开地进行管理、考核等。

但目前,我国很多公司的绩效管理都存在这样或那样的问题,制约着绩效管理作用的发挥。比如,很多公司都把绩效管理当作绩效考核,缺乏管理思想,没有建立完整的管理体系,但实际上,绩效考核只是绩效管理体系中重要的一环,将绩效管理简化为绩效考核,反而会造成员工的抵触情绪。

还有,公司人力资源管理部门对绩效指标设计得不合理,欠缺科学性,不符合公司战略目标。或者在实际操作中将指标设计得过高或过低,考核标准模糊,甚至考核者以自己的主观为标准进行考核内容设计,都会导致绩效管理流于形式。

除此之外,绩效管理过程中缺乏沟通和宣传,以及员工和考核者都没有正确认识绩效管理的重要性，导致在绩效管理中出现马虎、不负责任的现象。

绩效管理能否成功取决于整个绩效管理流程，本书将绩效管理划分为四个模块进行讲解，分别是绩效计划、绩效辅导、绩效考核和绩效反馈。

绩效计划是绩效管理的起点，本书从制订绩效计划的准备阶段开始，详细地叙述了绩效计划应该怎么做、做什么以及应该做到什么程度。

绩效辅导贯穿整个绩效管理的体系之中，在这一模块中，管理者要提供给员工工作指导，帮助员工及时解决并发现问题，再对为什么做、何时做完、员工的决策权限等相关问题进行讨论，然后再根据实际情况调整绩效计划。

绩效考核是绩效管理体系中最重要的部分，影响着整个公司目标的实现，因此，本书使用了大量的案例和表格对这部分内容进行介绍，以便读者阅读、理解和使用。

绩效反馈是绩效管理的核心环节，也是技术性最强的一个环节。本书介绍了在绩效周期结束时，管理者应该如何进行绩效反馈，怎样与员工进行绩效评价面谈，如何帮助员工充分了解在这一周期中出现的问题，管理者如何指导员工进行下一周期的绩效改进等。

总之，对绩效管理有一个正确的认识，对整个公司的发展壮大有着很大的现实作用。为了帮助读者深度学习绩效管理的内涵和策略技巧，书中的每一模块都将绩效管理的流程拆解成一个又一个的小部分进行介绍，每个部分也均以具体的案例帮助读者理解和掌握内容，这些案例和表格无疑会大大增加本书的实用性。

目录

第一模块 绩效计划

第1章 绩效计划制订：准备 + 沟通 + 审定

1.1 绩效计划准备 …… 4

1.1.1 公司信息：战略目标 + 经营计划 …… 4

1.1.2 部门信息：经营目标 + 沟通结果 …… 5

1.1.3 个人信息：工作描述 + 评估结果 …… 7

1.2 绩效计划沟通：原则 + 技巧 …… 7

1.2.1 沟通原则：平等 + 互动 + 辅导支持 …… 7

1.2.2 沟通技巧：精确细分 + 控制氛围 + 坚守底线 …… 8

1.3 绩效计划审定：问题 + 结果 …… 9

1.3.1 问题：管理层和员工需要明确的六个绩效计划问题 …… 9

1.3.2 结果：绩效计划应达到的五个结果 …… 10

1.3.3 案例：惠通公司的绩效计划 …… 11

第2章 绩效计划分类：责任主体 + 时间期限

2.1 按责任主体划分 …… 16
- 2.1.1 公司绩效计划 …… 17
- 2.1.2 部门绩效计划 …… 17
- 2.1.3 员工绩效计划 …… 18

2.2 按时间期限划分 …… 22
- 2.2.1 年度绩效计划 …… 22
- 2.2.2 季度绩效计划 …… 28
- 2.2.3 月度绩效计划 …… 31

2.3 案例：摩托罗拉的绩效计划 …… 34

第3章 如何为员工量身定做一个绩效计划

3.1 员工绩效计划内容 …… 40
- 3.1.1 被评估者信息：基本信息 + 薪酬等级 + 绩效 …… 41
- 3.1.2 员工绩效计划及评估内容：KPI+GS …… 50
- 3.1.3 权重：按绩效计划划分指标权重 …… 60
- 3.1.4 关键绩效指标设定：目标值 + 挑战值 …… 61
- 3.1.5 指标评分标准：KPI 和 GS 单项指标计分规则 …… 65
- 3.1.6 绩效评估周期：月度、季度、年度 …… 67

3.2 员工绩效计划制订流程 …… 69
- 3.2.1 梳理职位职责 …… 70
- 3.2.2 提炼关键绩效指标 …… 78
- 3.2.3 设定工作目标 …… 80
- 3.2.4 设计权重 …… 81
- 3.2.5 确定关键绩效指标和工作目标值 …… 82

3.2.6　审核指标 ····· 83

3.2.7　案例：呼叫中心的员工绩效计划 ····· 84

第二模块　绩效辅导

第4章　绩效辅导流程：准备 + 沟通 + 追踪

4.1　绩效辅导准备 ····· 90

4.2　绩效辅导沟通 ····· 93

4.3　绩效辅导追踪和反馈 ····· 96

4.3.1　关注执行情况 ····· 96

4.3.2　正面反馈和负面反馈 ····· 97

4.3.3　案例：肯德基的绩效辅导 ····· 98

第5章　绩效辅导：对象 + 内容 + 分类

5.1　绩效辅导的几类对象 ····· 104

5.2　绩效辅导内容：工作辅导 + 月度回顾 ····· 112

5.2.1　工作辅导：具体指示 + 方向指引 + 鼓励促进 ····· 112

5.2.2　月度回顾：月度回顾情况表 ····· 114

5.3　绩效辅导类型：矫正员工行为 + 提供资源支持 ····· 115

第6章 绩效辅导：GROW 法则 + 渠道

6.1 绩效辅导的 GROW 法则 ····· 118

6.2 绩效辅导渠道：正式 + 非正式 ····· 120

 6.2.1 绩效辅导渠道 ····· 121

 6.2.2 案例：星巴克一线经理对员工的绩效辅导 ····· 122

第三模块 绩效考核

第7章 绩效考核：内容 + 形式

7.1 绩效考核的内容 ····· 128

 7.1.1 业绩考核：软指标 + 硬指标 ····· 128

 7.1.2 计划考核：计划完成情况考核 ····· 133

 7.1.3 能力态度考核 ····· 136

 7.1.4 部门满意度考核 ····· 137

7.2 绩效考核形式：时间 + 主体 + 结果 ····· 140

 7.2.1 考评时间：日常考评 + 定期考评 ····· 141

 7.2.2 考评主体：主管 + 自我 + 同事 + 下属 ····· 145

 7.2.3 考评结果：定性 + 定量 ····· 147

 7.2.4 案例：某零售公司绩效考核分析 ····· 147

第8章 绩效考核方法：KPI + BSC+ MBO + 360°

8.1 KPI 关键绩效指标考核法 …… 154
8.1.1 明确公司各层级绩效目标 …… 154
8.1.2 落实 KPI 绩效考核 …… 158
8.1.3 A 施工公司 KPI 绩效考核方案 …… 160

8.2 BSC 平衡计分卡考核法 …… 163
8.2.1 BSC 简介 …… 163
8.2.2 HKW 公司平衡计分卡的设计 …… 164

8.3 MBO 目标管理考核法 …… 166
8.3.1 MBO 考核法的步骤和注意事项 …… 166
8.3.2 MBO 考核法在凌志软件股份有限公司中的应用 …… 167

8.4 360°考核法 …… 170
8.4.1 360°考核过程 …… 170
8.4.2 柳桥羽毛有限公司的 360°绩效考核案例 …… 172

第9章 中基层人员绩效量化考核设计

9.1 中层管理者绩效量化考核设计 …… 178
9.1.1 生产领域管理者量化考核设计 …… 178
9.1.2 营销领域管理者量化考核设计 …… 180
9.1.3 人力行政领域管理者量化考核设计 …… 183
9.1.4 财务领域管理者量化考核设计 …… 187
9.1.5 H 公司中层管理人员绩效考核设计 …… 190

9.2 基层员工绩效量化考核 …… 192
9.2.1 生产领域岗位员工量化考核设计 …… 192

9.2.2 营销领域岗位员工量化考核设计 ····· 194

9.2.3 人力行政领域岗位员工量化考核 ····· 197

9.2.4 财务领域岗位员工量化考核 ····· 200

9.2.5 品控领域岗位员工量化考核 ····· 204

9.2.6 研发领域岗位员工量化考核 ····· 206

9.2.7 K公司基层员工绩效管理项目设计方案 ····· 207

第四模块 绩效反馈

第10章 抓住 5W1H，做好绩效反馈

10.1 Why——反馈原因 ····· 214

10.2 Who——反馈主体 ····· 215

10.3 Whom——反馈对象 ····· 216

10.4 When——反馈时间 ····· 217

10.5 What——反馈内容 ····· 217

10.6 How——反馈技巧 ····· 218

10.7 案例：绩效反馈面谈之争 ····· 220

第11章 绩效改进：方法+策略

11.1 绩效差距的成因 ····· 224

11.2 绩效改进：分析工作绩效差距的方法 ····· 225

11.2.1 目标比较法 ····· 226
11.2.2 水平比较法 ····· 226
11.2.3 横向比较法 ····· 227

11.3 绩效改进策略 ····· 227

11.3.1 绩效改进策略制定的五个原则 ····· 228
11.3.2 制定绩效改进策略做好三个"W" ····· 229
11.3.3 绩效改进的具体策略 ····· 230

附录 ····· 233

参考文献 ····· 247

第一模块 绩效计划

第 1 章
绩效计划制订:
准备 + 沟通 +
审定

绩效计划是指公司管理层与员工关于工作业绩所进行的沟通，双方在工作业绩考量方面通过沟通达成一致意见，并将沟通结果以文字的形式呈现。因此，绩效计划即相当于公司管理人员与员工在明确双方权责基础上签订的一个内部契约。绩效计划的制订应当从公司总部开始，将绩效目标逐级分解到下面的子公司以及各个部门，最终再落实到每一位员工身上。

1.1 绩效计划准备

制订绩效计划是确立整个绩效管理体系的起点，也是实行绩效管理的基础。科学地制订绩效计划能够使公司形成科学的管理体系，将公司利益与员工利益统一起来。具体来说，制订绩效计划时要考虑到公司信息、部门信息及员工个人信息三个层面。

1.1.1 公司信息：战略目标 + 经营计划

对于一家公司而言，确定战略目标和经营指标是一项重要工作。战略目标不仅是公司总结成绩和分析问题的基础，而且是公司未来制订经营计划的依据。而公司经营计划的重点也在于未来如何提高成绩与解决问题。从制订绩效计划的视角来看，战略目标和经营计划的确立也就是公司自身提升绩效的过程。

经营计划是公司在一段时间内经营目标的具体体现。不只是要有计划，更重要的是如何构建与计划相应的目标策略与支撑体系。在移动互联网时代，市场瞬息万变，没有什么经营策略是万能的，因此，公司对于自身实现目标的能力应当有正确的认识，进而制订适合自身的经营计划。同时，还要有辅助经营计划，要把经营计划落实到各职能部门，确定各职能部门的单元计划，以便确保总体计划的实现。

经营计划也是公司制订绩效计划的第一步。而各级管理人员还要把公司的总体经营计划进行分解，既包括自上而下地逐级分解、逐级落实公司的绩效任务，同时还要按照时间段分解，细化到每个绩效考核周期。当然，制订绩效考核的周期不能太短，必须留给管理层足够的调整经营策略的时间。而具体到岗位，经营计划的分解还要尽可能细化，为量化考核打下坚实的基础。

作为绩效计划的第一步，要保证经营计划的稳定性，这种稳定性主要体现在制度上。公司的绩效考核结果必须要符合公司的全盘利益，要和公司员工的收入、福利、晋升等挂钩，要做到考核到位，赏罚分明。因此，经营计划作为公司正常运营的一项重要保障，不可撼动，如果外界情况没有发生重大变化，也不能轻易进行调整。即使调整，往往也需要下行的业务单元自己补偿一部分差额，以减少公司的损失。

作为绩效计划的第一步，经营计划的制订需要公司上下级之间充分沟通，同时，公司要有成熟的总体经营思路，公司高层还要熟悉业务，有过硬的业务能力。经营计划的合理性取决于多方面因素，最主要的因素是公司所属行业的总体情况以及公司的自身状况。为确保经营计划的合理性，这需要一定的磨合期，以便于清楚地了解公司的市场行情、产品、盈利、成本等基本情况。

而对于新开展的业务，由于缺乏经营积累，也就难以确定明确的经营指标，只能在经营过程中不断调整经营计划，逐步完善绩效考核体系。

总之，战略目标和经营计划是制订绩效计划的开端，战略目标和经营计划的合理性与准确性决定了公司能否进行有效的绩效管理工作。

1.1.2 部门信息：经营目标 + 沟通结果

部门的经营目标是从公司的经营计划中分解出来的，业务部门与职能部门的绩效目标必须与公司的经营计划紧密相连。各部门应当向下属员工明确经营目标,以便让他们了解所在部门的具体经营任务,可以在工作过程中看准方向把握重点。

例如,一家白酒生产公司的年度经营计划是:

(1)营业额达到20亿元,利润达到3.1亿元;

(2)新建两家子公司,原有的子公司有四家能够生产高档白酒;

(3)优化产业结构,中档白酒产量不低于60%。

作为公司的职能部门,在了解了公司的经营计划以后,人力资源部门可以将本部门的经营目标设定为:

(1)强化激励机制,大力培养中档产品经营员工,薪酬向核心技术研发人员倾斜;

(2)完善子公司及其下属部门的绩效考核制度,重点奖励表现突出的子公司;

(3)培养1个子公司总经理、2个研发主管、2个生产厂长用于人才储备;

(4)杜绝子公司之间的"挖人"现象;

(5)严格监控子公司的资金流向,严防"小金库"的出现。

制订绩效计划时,一两次沟通往往难以达成共识,还需要经过部门管理人员与下属员工多次充分沟通后,才能形成有效的绩效沟通结果,从而制订出双方都满意的绩效计划。

通常来说,绩效沟通结果包括以下四个方面。

一是明确经营目标。刚开始进行绩效计划沟通时,部门管理人员应当对下属员工明确公司的总体战略目标和经营计划、本部门的经营目标以及完成经营目标对公司和本部门的重要意义等;此外,还要让下属员工明确自己的职责所在。

二是明确绩效考核指标以及各指标权重、绩效考核标准等。在绩效考核体系比较完备的公司,都有各部门的绩效考核指标和权重标准,部门管理人员能够依照本部门近期的工作重点和组织架构等情况,综合确定各岗位的绩效考核指标和权重。而且绩效考核标准一般要与最新的工作重点相匹配。

三是明确实现绩效考核指标的工作标准。对于可量化的绩效考核指标,要同时明确下一期的工作标准;对于其他不可量化的绩效考核指标,也要明确该项任务应当达到的结果或状态。

四是明确下属员工应得的资源支持。任何绩效计划的落实都离不开资源支持，部门管理人员应该确保对下属员工的资源支持，打消员工对资源的顾虑。若管理人员无法保证提供足够的资源支持，就要向下属员工说明情况；同时，应该请示上级领导降低绩效目标，直到双方达成一致意见。

1.1.3 个人信息：工作描述 + 评估结果

制订绩效计划还要考虑到每一位员工的个人信息。这里说的个人信息主要包括两方面内容：一是对员工工作职责的界定，二是上一期绩效考核的结果。员工工作职责，即员工所从事工作要履行的职责，要以此为出发点，明确工作任务，将员工个人的工作任务和岗位需求统一起来。

一般来说，每一段的绩效考核过程，员工的工作内容和工作任务都具有关联性和传承性，因此，在制订新一轮的绩效考核目标时，应兼顾该员工上一次绩效考核的工作完成情况和评估结果。同时，对上一次绩效考核发现的问题和需要提高、改进的地方，在新一轮的绩效计划中也应当体现出来。

1.2 绩效计划沟通：原则 + 技巧

绩效计划沟通是制订绩效计划的重要一环，在这个过程中，管理人员要与员工经过有效的沟通，对员工的绩效目标和绩效考核标准达成一致的意见。

1.2.1 沟通原则：平等 + 互动 + 辅导支持

在绩效计划沟通时，要选择理想的沟通环境，营造良好的沟通氛围。在制订绩效计划时，管理人员与员工必须停止手上的其他工作，选择专门的时间进行认真沟通。通常情况下，外界的干扰会导致注意力不集中，影响思路，进而严重影响沟通效果。因此，在沟通过程中应尽量避免接打无关电话。

同时，沟通的氛围也要轻松，让管理人员和下属员工都没有太大压力。

在沟通过程中，部门管理人员要坚持三个原则。

第一，平等原则。管理人员和与下属员工只是分工不同，但地位是平等的。绩效沟通是为了让双方达成共识，只有双方平等对话，才能进行有效沟通，确保绩效计划的顺利落实。

第二，互动原则。一般来说，下属员工往往对本部门工作有着最清楚的了解和认识，因此，在制订绩效计划时，应当调动起下属员工的参与热情，尽量让员工多提出意见和建议，充分发挥员工的主观能动性。

第三，辅导支持原则。任何绩效目标的实现都需要有一定的资源保证，在沟通时，下属员工往往会提出因为缺乏资源导致绩效目标难以实现的问题，对此，应分两种情况考虑：一是资源比较充分，主要是下属员工的心态出了问题；二是真的存在资源不足的问题。管理人员必须分析是哪一种情况，并作出积极应对。

如果是下属员工的心态出了问题，那么，管理人员就要结合实际，引用成功案例，调整员工心态，促使员工努力去实现绩效目标；如果真的是资源不足，那么，管理人员就要尽可能为下属员工提供资源上的支持。如果管理人员能够决定资源的配置，就要在自己权限范围内提供足够的资源支持；如果管理人员不能决定资源的配置，就要向上级领导反映情况，争取获得相应的资源支持。

1.2.2　沟通技巧：精确细分 + 控制氛围 + 坚守底线

制订绩效计划时，沟通极为重要，有效的沟通能够使管理人员和员工团结起来，目标一致。另外，要想确保绩效计划的顺利进行，管理人员必须具备出色的沟通能力。

根据经验，有效的绩效沟通可以归结为以下三个技巧。

第一，在真诚的前提下，看人下菜。有人会觉得奇怪，这句话不是自相矛盾呢？当然不。"重剑无锋，大巧不工"，真诚是绩效计划沟通中最基本的原则。绩效计划沟通是为了传递信息、拉近管理人员与员工之间的距离、解决问题，无论与什么样的员工沟通，真诚的态度，都是能够进行有效沟通的前提。

每个员工的能力、性格、思维方式都不同，喜欢的沟通方式和内容也会有不同。看人下菜，也就是说，进行绩效计划沟通要因人而异。若想做到这一点，管理人员首先要让自己做到"精确细分"，面对不同的员工，灵活运用不同的沟通方式方法，会让员工乐于沟通，大大提高沟通效率。

第二，控制氛围。绩效计划沟通同样离不开合适的氛围。管理人员与员工沟通时，如果感觉到氛围要被破坏的苗头，例如，出现员工变得不耐烦、抓耳挠腮、眼神迷离、岔开话题等情况，就应当暂停沟通，恢复氛围。如果员工排斥绩效沟通的时候，管理人员还勉强去沟通，效果就会大打折扣。

第三，坚守底线。在绩效沟通过程中，管理人员不能一味地迁就员工，那样不但无法保证沟通的有效性，而且还会损害管理人员的威严。对于公司明确制定的规则，如果有员工要公然违背，就必须零容忍，管理人员对此要明确表示反对。例如，员工借故提出不能交工作日志，说自己如何忙，没有时间写工作日志。这时，管理人员就要明确告知员工，这件事情"没得商量"。

在进行绩效计划沟通时，管理人员必须坚持自己的态度，这样才能让员工心生敬畏，不再提出一些无理要求。而且管理人员也要学会恩威并施，拒绝本身也是一种沟通技巧。绩效计划沟通方式可以变，但基本原则不能变。未过底线，可以和员工耐心沟通，一旦越过底线，就必须坚守原则。否则，绩效计划必将难以落实。

1.3 绩效计划审定：问题 + 结果

公司在制订绩效计划时，完成绩效计划准备和绩效计划沟通之后，就要对绩效计划进行审定，这是整个绩效计划的最后一步流程。在绩效计划审定过程中，应该注意问题和结果两个方面。

1.3.1 问题：管理层和员工需要明确的六个绩效计划问题

经过绩效计划沟通之后，管理人员和下属员工必须根据考核内容与考核标准达成一致意见，即明确以下六个问题。

（1）在本次绩效考核期间，作为一名员工，需要负责哪些工作？

（2）在本次绩效考核期间，作为一名员工，负责的工作应当完成哪些工作目标？应当在多长时间多大范围内完成这些工作目标？

（3）在本次绩效考核期间，员工的各项工作内容的主次情况如何？需要完成的各项工作目标的权重分别是多少？

（4）在本次绩效考核期间，作为一名管理人员，应当如何评判下属员工完成这些工作目标的情况？

（5）在本次绩效考核期间，作为一名员工，在工作过程中可以行使哪些权利、获得公司的哪些资源支持？可能会遇到哪些困难和问题？

（6）公司会对员工进行哪些培训和资源支持？管理人员能够为下属员工提供何种帮助？

之所以要求管理人员和员工对这六个问题达成共识，是因为制订绩效计划的初衷就在于使公司成员都能够形成一致的目标指向和价值取向。科学、合理的绩效计划可以把公司、部门和每一名员工拧成一股绳，共同实现经营目标，促进公司发展。只有管理人员和员工的看法一致，绩效计划才能顺利落实，公司所有成员努力的方向才能一致。

1.3.2 结果：绩效计划应达到的五个结果

制订绩效计划以后，管理人员和员工还要让绩效计划达到以下五个结果。

（1）员工的工作目标与公司的总体战略目标、经营计划紧紧联系，让员工清楚地认识到自己的工作目标对于公司的总体战略目标、经营计划的重要意义。

（2）对员工工作内容的描述，要符合公司现有的情况，还要与本次绩效考核期间公司的工作重点一致。

（3）管理人员与员工双方对员工的工作内容、各项工作内容的主次、完成各项工作目标的界定标准、需要完成的各项工作目标的权重、员工在工作过程中享有的权利达成一致意见。

（4）管理人员和员工都能够非常清楚地认识到在实现工作目标过程中可能遇到的困难和问题，并且明确公司管理人员可以提供的帮助和资源支持。

（5）管理人员与员工沟通、协商的结果形成文字契约——契约中主要包括员工在绩效考核中需要完成的工作目标、完成工作目标的评判标准、各项工作目标权重、员工出色完成工作目标可以获得的奖励等，然后双方在契约上签字确认，使契约正式生效。

1.3.3 案例：惠通公司的绩效计划

惠通公司创建于1978年，至今已有30余年电子元器件的生产历史，是一家大型高新技术公司。公司总资产约1.3亿元，占地面积6.1万平方米，有进口设备105台。目前，惠通公司已经与多家大公司展开了业务合作，产品远销海外。

2017年，惠通公司全年的销售业绩较上年增长了8.2%。2018年3月，公司高层决定奖励部分表现出色的员工，同时辞退部分表现不佳的员工。对此，公司人力资源部制订出了一套年度绩效计划，如表1-1所示。2018年4月，公司会依据绩效考核结果决定给哪些员工加薪，按多大比例加薪，同时决定辞退哪些员工。

表 1-1 惠通公司年度绩效计划

姓　　名		部　　门				职　　位			
出勤奖惩	迟到	旷工	产假	婚假	丧假	病假	事假	奖励	处分
加（扣）分									

项目	评价内容	评分	初核	复核	评语
业务能力	经常在规定时间前，保质保量完成工作任务	25			初评
	能够严格按照规定时间，保质保量完成工作任务	20			
	基本能够做到按时、保质保量完成工作任务	15			
	偶尔出现小的疏漏或不能按时、保质保量完成工作任务	10			
	工作中出现过大的失误，或者经常不能按时、保质保量完成工作任务	5			

续表

项目	评价内容	评分（分）	初核	复核	评语
协作能力	有团队协作意识，经常协助其他同事完成工作任务	25			初评
	有团队协作意识，能够与其他同事良好协作	20			
	工作中肯给其他同事帮忙	15			
	仅在必须参与协调的工作上与其他同事合作	10			
	工作作风散漫，不肯与其他同事合作	5			
责任感	任劳任怨，竭尽所能达成工作任务	25			复评
	努力工作，能够做好本职工作	20			
	有责任心，能够发挥主观能动性	15			
	工作不积极，交付的工作经常需要督促方能完成	10			
	敷衍了事，工作态度消极，做事粗心大意	5			
客户满意度	第一时间满足客户所需，经常获得客户的高度评价	25			
	基本能够及时满足客户所需，获得客户的满意	20			
	能够满足客户所需，没有客户投诉	15			
	偶尔与客户发生矛盾，一年受到客户投诉少于5次	10			
	经常与客户发生矛盾，一年受到客户投诉在5次以上	5			
总分					

最终绩效考核结果以分数表示，各个绩效考核分数对应的等级如表1-2所示。

表1-2 绩效考核分数对应的等级

绩效考核分数（分）	对 应 等 级
90～100	A级（优秀，员工的工作表现特别突出，经常高于所在工作岗位的一般要求）
75～85	B级（良好，员工的工作表现优异，有时高于所在工作岗位的一般要求）
60～70	C级（合格，员工的工作表现较好，能够达到所在工作岗位的一般要求）
45～55	D级（较差，员工的工作表现较差，勉强能够达到所在工作岗位的一般要求）
40以下	E级（极差，员工的工作表现极差，不能够达到所在工作岗位的一般要求）

每一名员工的年度绩效考核结果直接与其当月的绩效工资挂钩：绩效考核结果为A级的，当月绩效工资上浮40%；绩效考核结果为B级的，当月绩效工资上浮20%；绩效考核结果为C级的，当月绩效工资上浮10%；绩效考核结果为D级的，当月绩效工资保持不变；绩效考核结果为E级的，

公司将考虑予以降职或辞退。

从惠通公司制订的绩效计划来看，综合考虑到了公司员工在工作过程中的各个方面，而且奖惩分明，获得不同等级的员工，当月的绩效工资也有极大的差别，因此，也就取得了明显的激励效果。自绩效计划落实之后，公司员工的工作积极性和主观能动性都有了显著提升。由此可见，科学合理的绩效计划，奖励措施和惩罚措施都设计得让人心服口服，这样在以后的实施过程中才会有明显的作用。

第 2 章

绩效计划分类：责任主体 + 时间期限

依照不同的划分依据，可以将绩效计划进行分类。一般来说，根据绩效计划的责任主体，可以将绩效计划逐级分解，由公司到各个部门，再从部门到每一名员工。同时，根据时间期限，还可以制订年度、季度、月度绩效计划。如图2-1所示，公司绩效计划可进一步分解为部门绩效计划和个人绩效计划。

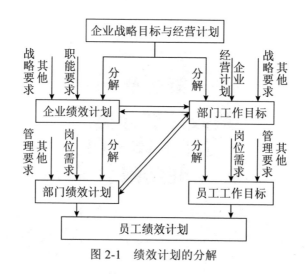

图2-1 绩效计划的分解

2.1 按责任主体划分

根据不同责任主体制订的绩效计划环环相扣、紧密联系。一个部门要完成绩效计划，首先必须要让这个部门下属的所有员工完成个人绩效计划；同样地，公司绩效计划的完成，离不开所有部门的支持。

2.1.1 公司绩效计划

公司绩效计划要想真正落到实处,为公司实现战略目标和经营计划提供保障,就必须让全体员工都理解并积极参与进来。事实上,公司绩效计划最终将惠及每一名员工,其精髓不在于"整人"或"考核",而是为了规范和改善行为,最终提升绩效。科学合理的公司绩效计划,能够提高所有员工的绩效,可以让员工更积极地投入工作中去,更好地胜任工作。

公司通过对全体员工进行关于绩效计划的培训,目的是让员工意识到,参与绩效管理是全公司每一个人的基本权利和义务,从而为绩效计划的制订打下牢固的群众基础。

公司制订绩效计划时,要结合公司的战略目标和经营计划。绩效计划既要服务于公司的战略目标和经营计划,那自然也要源于之。所以,公司的管理人员和员工都应当了解公司的战略目标和经营计划,了解公司未来的发展方向。毕竟公司绩效计划本质上就是来源于对公司未来发展方向的解构。

同时,公司制订绩效计划还能够强化员工的主人翁意识,促进员工在未来工作过程中发挥主观能动性。而且让员工对公司绩效计划了解得越多,就越容易对公司将来的战略目标和经营计划产生认同感。

2.1.2 部门绩效计划

根据前文所述,部门绩效计划来自公司绩效计划的分解,因此,归根结底,部门绩效计划的制订应当以公司的战略目标和经营计划为出发点。

在制订部门绩效计划之前,首先要对公司的战略目标和经营计划进行深入剖析,找出实现公司战略目标和经营计划的重要决定因素(公司的战略主题),根据战略主题绘制战略地图。结合战略地图,不难从重要的决定因素中找出相应的绩效指标,然后对公司的战略主题进行逐级分解(一般分为三级,具体级数通常取决于公司规模),之后通常就能获得部门指标了。

从公司绩效计划分解到部门绩效计划还有一种方法,那就是分析整个公司绩效指标的相关性。相关性有强有弱,也可能仅仅是局部的。

强相关直接作用于部门,例如,产品产量既是公司的绩效指标,又是生产部门的绩效指标;弱相关就是部门的某一绩效指标会对公司的某一绩效指标产生影响,例如,销售收入是公司的绩效指标,研发部门的研发成果会对销售收入产生一定影响;局部相关则是"大河涨水小河清",指部门的绩效指标包含于公司的绩效指标,例如,公司的实际投资转化率是公司的绩效指标,一个部门的实际投资转化率就是局部的绩效指标。根据对相关性的界定,同样可以分解出部门绩效计划。

总的来说,绩效指标的逐级分解法长于逻辑性,而相关性分析法虽然更仰仗经验,却更简便。

2.1.3 员工绩效计划

如何把部门绩效计划分解为每一名员工的绩效计划?如何制订好员工的绩效计划?这两个问题是公司部门管理人员在落实绩效计划时都会面临的。在移动互联网时代,员工绩效计划的制订尤为重要。

下面我们以北京移动营业部经理绩效计划的制订为例来分析制订员工绩效计划时,要考虑以下几方面情况。

(1)员工基本情况。在制订员工绩效计划之前,了解员工的工作职位、工作年限等信息是第一位的,这样才能把员工绩效计划与薪酬统一起来,明确员工在公司中对应的薪酬结构,有助于一体化人力资源管理体系的构建。

(2)评估者基本情况。通常情况下,员工的绩效评估都是由其所属部门和管理人员完成的,评估者往往是员工的直接上级。

(3)工作职责确定。员工的工作职责是为其制订绩效计划的基本依据,能够为调整绩效计划和绩效考核内容提供基本的参考。北京移动营业部经理工作职责可分为业务、管理以及其他任务三个方面,如图2-2所示。

(4)绩效评估内容。这主要看的是员工完成关键绩效指标及工作目标两方面内容,绩效评估能够充分考量员工的工作情况,是绩效计划的主体部分。如表2-1、表2-2所示,北京移动营业部经理的绩效指标包括收益、客户、业务、学习四个方面,工作目标包括目的、目标、预期结果、具体事例四个方面。

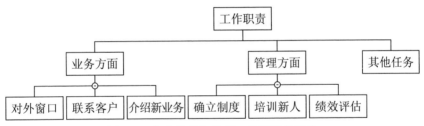

图 2-2 北京营业部经理工作职责的确定

表 2-1 北京移动营业部经理的关键绩效指标

收 益	客 户	业 务	学 习
• 经营收入 • 新业务收入 • 总费用预算达成率 • 单笔业务预算达成率	• 发展新用户数 • 大用户增量 • 维护大用户所用成本占部门总盈利的比例 • 关心用户改善程度 • 对外营业窗口服务改善程度 • 受理投诉改善程度 • 用户离网率 • 大用户满意度	• 用户对新业务了解程度 • 违规操作次数 • 酬金返还及时率 • 客户信息准确率	• 有效创新建议次数 • 老员工流失率 • 公司规章制度遵守情况 • 其他部门对销售人员平均业绩的满意度 • 员工满意度

表 2-2 北京移动营业部经理的工作目标

目 的	目 标	预期结果	具体示例
为了更好地规范公司内部制定的规章制度	公司工作顺利开展	时效性、规范性、全面性	2017 年 8 月前,完成营业部对外窗口所有业务受理相关流程的建立、升级或改进,获得总公司领导的批准后于 11 月之前下达实施
督促并提高员工的业务能力和绩效水平	对部门下属员工进行辅导和绩效评估	时效性、规范性、全面性	2017 年 11 月前,依照公司要求完成直接下属员工的绩效考核和双向沟通工作,完成绩效指导谈话,并将沟通结果上交人力资源部
提高员工应对突发事件的能力	完成公司布置的其他任务	保质保量	2017 年年底前,对公司下达的各种通信保障任务按照要求进行积极配合,按时按质完成通信保障任务,争取将部门协作满意度提高到85%

（5）绩效指标权重。根据绩效计划确定各绩效指标的比例,从而看出工作目标的可界定性和对公司总体绩效的影响,看出不同工作岗位在绩效指标设定上的普遍规律。下面以北京移动营业部经理绩效指标权重与工作目标权重为例,如表 2-3 所示。

表 2-3　北京移动营业部经理绩效指标权重与工作目标权重

1. 关键绩效指标	权重
经营收入	10%
新业务收入	20%
发展新客户数	10%
大客户增量	15%
维护大客户所用成本占部门总盈利的比例	10%
对外窗口服务改善程度	20%
用户对新业务了解程度	5%
公司规章制度遵守情况	5%
销售人员平均业绩	5%
2. 工作目标	权重
2017年8月前,完成营业部对外窗口所有业务受理相关流程的建立、升级或改进,获得总公司领导的批准后于11月之前下达实施	60%
2017年11月前,依照公司的要求完成直接下属员工的绩效考核和双向沟通工作,完成绩效指导谈话,并将沟通结果上交人力资源部	10%
2017年年底前,对公司下达的各种通信保障任务按照要求进行积极配合,保质保量完成通信保障任务,争取将部门协作满意度提高到85%	30%

（6）绩效计划时间。制订绩效计划一般以一年作为一个绩效评估周期,但对于一些特殊岗位的员工,例如,从事销售、市场调查的员工等,还要结合其工作岗位和工作目标等具体情况,设置绩效指标,制订季度绩效计划和月度绩效计划。

（7）员工能力提升计划。在制订员工绩效计划的同时要制订员工能力提升计划,将公司对员工个人的预期具体化,让员工知道完成绩效指标和工作目标需要具备什么样的职业素养、职业前景如何,使员工个人能力的提升与公司发展协调一致、相辅相成。下面以北京移动营业部经理能力提升计划为例,如表2-4所示。

表 2-4　北京移动营业部经理能力提升计划

能力培养	行动计划	预期结果
领导能力	• 2017年9月,参加公司人力资源部组织的即兴演讲培训课程 • 在实际工作中向同事和上级学习	• 获得相关结业证书 • 形成更强的团队领导能力,提高部门经营效率
沟通能力	• 2017年10月,参加公司人力资源部组织的辩论培训课程 • 实践运用,例如,组织其他部门进行联谊会等	• 获得相关结业证书 • 形成更强的团队沟通能力,提高部门经营效率
业务能力	• 2017年10月,参加总公司举办的移动通信电销业务培训班	• 获得相关结业证书 • 熟悉新业务流程及应用,并在工作中和指导下属时熟练运用

另外，制订员工绩效计划还要注意让评估者与员工进行充分有效的沟通，让双方达成一致意见。

员工绩效计划的主要制订流程，如图 2-3 所示。

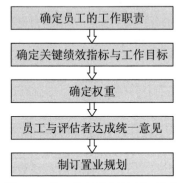

图 2-3　员工绩效计划的制订流程

将以上流程整合，最终制订出类似于北京移动营业部经理绩效计划，如表 2-5 所示。

表 2-5　北京移动营业部经理绩效计划

员工姓名 职位： 所在单位：北京移动 部门：营销部		评估人姓名： 职位： 上级领导姓名： 职位： 日期：
A. 关键绩效指标	权重	实际完成结果评分
经营收入	10%	
新业务收入	20%	
发展新客户数	10%	
大客户增量	15%	
维护大客户所用成本占部门总盈利的比例	10%	
对外窗口服务改善程度	20%	
用户对新业务了解程度	5%	
公司规章制度遵守情况	5%	
销售人员平均业绩	5%	
B. 工作目标	权重	目标完成结果评估
2017 年 8 月前，完成营业部对外窗口所有业务受理相关流程的建立、升级或改进，获得总公司领导的批准后于 11 月之前下达实施	60%	

续表

B. 工作目标	权重	目标完成结果评估
2017年11月前，依照公司要求完成直接下属员工的绩效考核和双向沟通工作，完成绩效指导谈话，并将沟通结果上交人力资源部	10%	
2017年年底前，对公司下达的各种通信保障任务按照要求进行积极配合，保质保量完成通信保障任务，争取将部门协作满意度提高到85%	30%	

绩效评估总分（A*60%+B*40%）		综合评估意见	
C. 能力发展计划		预期结果	补充意见
• 于2017年9月，参加公司人力资源部组织的即兴演讲培训课程 • 在实际工作中向同事和上级学习		• 获得相关结业证书 • 形成更强的团队领导能力，提高部门经营效率	
• 于2017年10月，参加公司人力资源部组织的辩论培训课程 • 实践运用，例如，组织其他部门进行联谊会等		• 获得相关结业证书 • 形成更强的团队沟通能力，提高部门经营效率	
• 于2017年10月，参加总公司举办的移动通信电销业务培训班		• 获得相关结业证书 • 熟悉新业务流程及应用，并在工作中和指导下属时熟练运用	

2.2 按时间期限划分

通常来说，公司制订绩效计划都是以年计算周期的，但是，对于某些特殊岗位，不仅要制订年度绩效计划，还要制订季度和月度绩效计划。

2.2.1 年度绩效计划

公司制订的年度绩效计划，是公司中长期战略目标的具体化，是对中长期经营计划的拆解，是中长期战略目标和经营计划的分步实施与落实。因此，公司制订年度绩效计划需要与公司中长期发展蓝图相符合。以此为基本原则，公司的上下层级之间、各部门之间、各部门内部的工作方向才会高度一致，为公司实现战略目标和经营计划贡献自己的一份力量。

年度工作方向、工作重点以及工作内容是公司制订年度绩效计划的主要依据。另外，公司不同阶段的工作以往都需要持续跟进的，因此，在制订新的年度绩效计划时，要兼顾上一段年度绩效计划的工作目标与成果，在上一个年度绩效计划期间内发现问题和不足之处，并在制订本次年度绩效计划时加以指出。年度绩效计划表示例，如表2-6所示。

表2-6 年度绩效计划表

一级指标	分值	二级指标	分值	三级指标	分值	得分	指标解释	评价标准
项目决策	20	项目目标	4	目标内容	4		目标是否明确、细化、量化	目标明确（1分） 目标细化（1分） 目标量化（1分）
		决策过程	8	项目服务对象	2		• 服务对象是否明确	服务对象 农业、农村、农民（2分） 其他（0—1分）
				项目考核体系	2		• 考核体系是否符合经济社会发展规划和各地、部门年度工作计划	符合经济社会发展规划（1分） 符合各地、各部门年度工作计划（1分）
				项目实施计划	4		• 项目是否符合申报条件 • 申报、批复程序是否符合相关管理办法 • 项目调整是否履行相应手续	• 项目符合申报条件（1.5分） • 申报、批复程序符合相关管理办法（1.5分） • 项目实施调整履行相应手续（1分）
		资金分配	8	项目预算安排	2		• 是否根据需要制定相关资金管理办法，并在管理办法中明确资金分配办法 • 资金分配因素是否全面、合理	办法健全、规范（1分） 因素选择全面、合理（1分）
				项目分配结果	6		• 资金分配是否符合相关管理办法 • 分配结果是否合理	资金分配符合相关分配办法（2分） 资金分配合理（4分）

续表

一级指标	分值	二级指标	分值	三级指标	分值	得分	指标解释	评价标准
项目管理	30	资金到位	5	到位率	3		• 实际到位/计划到位×100%	根据项目实际到位资金占计划的比重计算得分
				到位时效	2		• 资金是否及时到位若未及时到位,是否影响项目进度	及时到位(2分) 未及时到位但未影响项目进度(1.5分) 未及时到位并影响项目进度(0—1分)
		资金管理	10	资金使用	7		• 是否存在支出依据不合规、虚列项目支出的情况 • 是否存在截留、挤占、挪用项目资金的情况 • 是否存在超标准开支情况	虚列(套取)扣4—7分 支出依据不合规扣1分 截留、挤占、挪用扣3—6分 超标准开支扣2—5分
				财务管理	3		• 资金管理、费用支出等制度是否健全,是否严格执行 • 会计核算是否规范	财务制度健全(1分) 严格执行制度(1分) 会计核算规范(1分)
项目管理	30	组织管理	15	组织结构	1.5		• 是否有组织机构,人员结构是否合理 • 是否有技术机构,人员结构是否符合要求	成立组织机构,人员结构合理,有独立办公室,有专职人员,有明确分工(0.7分) 设立技术机构,人员结构符合要求,有技术总责任人,技术运行能力强(0.8分)
				管理制度	1.5		• 是否有计划、实施与控制 • 部门是否分工协作 • 是否有工作机制	实施方案和年度计划科学合理,便于实施控制,有工作总结,有完善的过程控制和持续改进方案(0.8分) 部门分工明确,沟通协调机制健全,效果良好(0.3分) 有明确的激励制度,能及时反映/兑现激励结果,农工对激励反应积极(0.4分)
				市场监管力度	2.5		• 是否进行生产投入品监管 • 服务体系是否建立	有年度监管文件、工作计划和实施监管记录文件,无违法记录(1分) 建立了能够实施规模化服务的专门体系,形成统分结合的服务机制,组织化程度高,反应快,统一服务率80%以上(1.5)

续表

一级指标	分值	二级指标	分值	三级指标	分值	得分	指标解释	评价标准
项目管理	30	组织管理	15	政策保障	1.5		• 是否出台了示范区建设的相关政策	• 出台了相关政策,支持力度大,作用显著(1.5)
				档案记录	5		• 是否有投入品记录 • 是否有实施过程记录 • 是否有加工记录	• 有投入品记录,记录完备,票证齐全(1.5分) • 有实施过程记录,记录完整,真实,清晰,能明显体现关键控制点(2分) • 有加工记录,包括产品初加工的记录顺序明确且过程完整,质量定期检验计划与检验结束记录齐全,并有相关检验报告;产品的储运、加工与销售去向记录明了,过程中的转换记录清晰(1.5分)
				过程控制	3		• 是否有关键控制点的监管 • 是否有监督主体与实施主体 • 是否建立过程监督机制	• 过程关键控制点明晰、完整,有系统的监管方案和措施,有详细的关键控制监管记录(1分) • 监督与实施主体分离,监督具备主体资质,有明确的工作职责和相关制度(1分) • 监管制度的可操作性强,人员自律性高,被监管人员对监管的反映良好(1分)
项目绩效	50	项目产出	24	标准体系建设	3		• 标准制(修)订人员结构是否合理 • 四类标准配套是否齐全,各项标准是否现行有效 • 标准是否具有实用性	• 标准制(修)订人员结构合理,具备良好资质(0.5分) • 四类标准配套齐全,各项标准现行有效(2分) • 标准应用满意率≥85%(0.5分)
				标准化生产覆盖率	2.5		• 实施标准化生产的面积/示范区面积	• 根据实施标准化生产的面积占示范区面积的比重计算得分

续表

一级指标	分值	二级指标	分值	三级指标	分值	得分	指 标 解 释	评 价 标 准
项目绩效	50	项目产出	24	示范带动规模	10		• 农业公司是否具有一定发展规模，是否具有一定的加工能力或水平	有多家公司，有明显龙头公司，并带动形成了当地的支柱产业，产业群基本形成，经济增长显著（2分）
								形成产业链并可完全"消化"区内原产品，或短链产业在国内形成了较大市场规模（2分）
							• 是否形成了品牌或通过了认证	有1个以上品牌产品（1分）
								有1个以上产品通过认证（1分）
							• 是否成立了专业化协会	形成了行业协会和专业化服务组织，组织运行机制较好，容纳农户规模占示范区总农户90%以上（3分）
							• 专业化协会与外部联系是否紧密	协会与公司有直接供销关系或能够直销本协会产品，与相关部门合作良好（1分）
				农业标准化队伍建设	4		• 是否形成了一支精干的农业标准化人才队伍	形成了一支精干的农业标准化人才队伍，由从事农业标准化10年以上的人带队（4分）
				标准化培训	4.5		• 是否有培训师资队伍	有培训教师资源调查表，有培训师资相关证明文件，有受聘文件和老师签字，培训师资队伍结构合理（1分）
							• 培训资料是否齐备有效	培训材料内容紧密围绕示范区标准，材料配套齐全，适用性强（1.5分）
							• 培训实施情况是否良好	有完整培训计划并按期实施，平均培训率90%以上；有完整培训记录，平均满意度80%以上（2分）
		项目效果	26	经济效益	10		• 农民是否增收	人均收入平均年增幅10%以上（4分）
							• 市场效益是否良好	产品商品化率100%，产业化增值率高，投资收益率显著（3分）
							• 整体是否增长	示范区内农业标准化覆盖率90%以上，且农产品质量合格率95%以上（3分）

续表

一级指标	分值	二级指标	分值	三级指标	分值	得分	指标解释	评价标准
项目绩效	50	项目效果	26	社会效益	6		• 农业标准化意识是否已经形成 • 农产品安全性是否提高	• 农民标准意识明显提高，区内标准化意识已经形成，有农业标准化推动的成功经验（2分） • 安全性有保障，社会声誉良好，无不安全事件（4分）
				生态效益	10		• 农药年用量减少幅度是否明显 • 对生态环境改善作用是否显著	• 能够严格执行有关规定，杜绝禁用药品流入，年农药用量较三年前平均下降30%以上（6分） • 有建设前和验收期的产地环境质量检测报告，比较结果明显，向良性化发展（4分）
总分	130		100		100			

绩效目标制定是公司制订年度绩效计划的重要一步，它把公司员工的工作计划、部门内的目标与公司的总体发展蓝图统一起来，使员工的工作、部门的工作成为公司实现绩效目标不可或缺的一部分。

绩效目标分为定量指标和定性指标两种。

定量指标是通过大量统计数据作出的量化指标。它可以用具体数据来衡量，显得客观、翔实。它的不足之处是对数据的及时性、真实性、准确性要求极高，一旦不能做到，也就失去了可行性与公平性。

定性指标以评价者认知和经验作为基础，通过主观的分析和判断，加以衡量。它不存在定量指标过于依赖数据的问题，只需利用评估者自身的能力来评判。但是，定性指标往往缺乏公平性，容易发生主观臆断的情况。在实际操作中，可以通过将绩效评估规章化等方法，实现定性指标的定量化。

绩效指标一般来源于以下三个方面。

（1）基于历史数据的推算。由于历史数据具有重复性和普遍性，因此，可用作确定指标时的重要参考。

（2）现场测量。由于现场测量取得的是第一手数据，因此，具有客观性。

（3）同行业成功经验。因为是同行业的其他公司已经实现的优秀指标，自然也就有了现实参考意义和可行性。

在制订年度绩效计划时，要遵循绩效目标的 SMART 原则，也就是说，要做到"踮起脚才能摘到果子"：绩效目标要限定时间去实现，要突出公司各项工作任务在年度绩效计划期间的重点；绩效目标还要有挑战性，不能轻而易举就实现，也不能是不可能实现的，而是必须要通过努力来实现。

另外，还要确定目标权重。确定目标权重的基本原则是把公司的战略目标和经营计划放在首位，然后在这个前提下突出重点。

公司在不同时期、不同阶段，战略目标和经营计划都是不一样的，制订年度绩效计划也就会有所不同。市场无常，供求关系的变化、资源分配的变化等因素都可能会对公司造成巨大影响，从而波及公司内的各部门和员工。因此，公司制订年度绩效计划时，要做到随机应变，结合公司自身发展规划和外界情况变化及时调整。

2.2.2 季度绩效计划

季度绩效计划示例如表 2-7 所示。

表 2-7 季度绩效计划

项目编号			项目名称			
项目经理			考核日期			
序号	优质率（60%）	权重	评分标准		数据来源	研发管理组考评
1	稿件质量（30%） 规范性	7	• 不了解公司文档规范，按照个人习惯编写文档，不符合规范要求（-7分） • 基本了解文档规范，总体能够按照文档规范编写，但遵从意识较弱（1分） • 熟悉文档规范，严格按照规范编写（5分） • 严格遵守文档规范，对规范的执行和完善起到积极作用，受到好评（7分）		文档规范	
2	完整性	8	• 无文档（-8分） • 文档内容不完整，主次颠倒，不能表现重点（1分） • 文档内容不完整，但主要模块功能描述清晰（3分） • 文档内容完整，相关模块描述清晰合理（6分） • 文档内容完整，描述清晰，并在编写中能不断改进，受到好评（8分）		文档规范	

续表

序号	优质率（60%）		权重	评 分 标 准	数据来源	研发管理组考评
3	稿件质量（30%）	指导性	7	• 文档缺乏指导性，对任务或者使用没有起到应有的帮助（-7分） • 文档基本可指导用户编码或者使用，但是对部分环节描述不够清楚（3分） • 文档具指导价值，能指导完成相关代码或完成某项任务（5分） • 文档具指导价值，能指导完成相关代码或完成某项任务，并受好评（7分）	上级领导审查或应用者反馈	
4		及时性	8	• 在项目进行时或进行后没有同步文档、修改记录、项目反馈与跟踪（-8分） • 在项目进行时无同步文档、修改记录、项目反馈与跟踪，后续有补交（5分） • 在项目进行中有同步文档、修改记录、项目反馈与跟踪，按要求及时上传至SVN配置库（8分）	研发规范、任务计划	
6	设计质量（30%）	规范性	10	• 不了解公司设计规范，按照个人编写习惯，不符合规范要求（-10分） • 基本了解设计规范，总体按照设计规范编写，但遵从意识较弱（2分） • 熟悉设计规范，严格按照设计规范编写（6分） • 严格遵守设计规范，对规范的执行和完善起到积极作用，受到好评（10分）	文档规范	
8		可维护性	10	• 设计逻辑混乱，结构复杂，很难读懂思路（-10分） • 设计基本可以读懂，结构较为清晰，但是逻辑复杂，多次阅读才能理解，复用性不高（2分） • 设计逻辑清晰，具备一定的复用性，只能在本项目类似地方复用（6分） • 设计逻辑清晰，具备可复用性，能在很多地方不同的项目中复用（10分）	二次开发，及下游客户	
10		（代码/硬件设计/结构设计）BUG数量	10	• 设计错误百出，无法满足实际业务需求（-10分） • 能够满足基本业务需求，严重错误1个以上或者一般问题3个以上（2分） • 能够满足基本业务需求，没有严重问题，一般问题少于3个（包含3个），提示性问题不多于10个（6分） • 能够满足基本业务需求，没有严重问题和一般问题，提示问题不多于10个（10分）	单元测试、集成测试的测试情况	
	合计		60	合计		

续表

序号	及时率（40%）	权重	评分标准	数据来源	研发管理组考评
1	工作任务完成效率	15	• 经常不能按时完成任务（-15分） • 个别任务未能按时完成，但80%的工作基本完成，不影响项目整体进度（5分） • 滞后1～2个工作日完成任务，完成质量良好，基本达到上级或者项目的要求（8分） • 能够按时完成分配的任务，工作量饱满，能够达到上级或者项目的要求（12分） • 能够及时完成每项任务，并且完成质量较好（14分） • 能够提前出色完成所分配的任务（15分）	任务计划书	
2	配置管理执行效率	8	• 不了解配置管理程序要求，不执行项目的SVN配置管理（-8分） • 不主动执行项目的配置管理，在多次要求下才配合实施配置管理（2分） • 按照配置管理程序和要求，自觉执行项目的配置管理（6分） • 积极主动地实施项目的配置管理，对SVN研发管理平台的实施工作提出建设性意见（8分）	问题提出者	
3	工作目标、项目需求的明确性	8	• 没有明确的工作目标，不清楚项目需求，不清楚每天需要做什么（-8分） • 工作目标、项目需求较明确，但是没有或者缺少付出，成绩不突出（1分） • 工作目标、项目需求明确，能够按照目标，如期完成目标（5分） • 工作目标、项目需求明确，对自己要求高，以身作则，敢于挑战（8分）	项目要求书	
4	研发过程的规范性	9	• 不了解公司研发过程规范，不符合规范要求（-9分） • 基本了解规范，总体按照规范开展工作，但规范的遵守意识较弱（2分） • 熟悉规范，严格按照规范开展研发工作（7分） • 严格遵守规范，对规范的执行和完善起到积极作用，受到好评（9分）	研发各流程规范文件	
	合计	40	合计		

续表

考核总得分		
项目季度绩效考核系数 =	考核总得分/100=	
项目经理签字		
研发管理组负责人签字		

2.2.3 月度绩效计划

月度绩效计划与月度绩效考核表示例分别如表2-8、表2-9所示。

表2-8 月度绩效计划

部门		行政人事部	岗位	技术文员	姓名		评价期			
项目	序号	考核指标	权重（%）	目标值	考核标准		信息来源	实际完成情况	评价得分	加权得分
关键绩效指标（KPI）	1	部门例会工作指令督办	25		扣分项，每出现1次未按时完成会议纪要扣5分，未跟进、督办扣10分，未反馈上级扣5分		上级评价、典型事件记录			
	2	技术资料收发及时性	20		要求：收发资料当天处理完毕。扣分项：每延迟1个工作日扣5分		典型事件记录			
	3	信息的上传下达	20		扣分项，每出现1次传达未及时或传达不准确扣5分		典型事件记录			
	4	技术资料保管	10		技术资料保管要求：1. 完整性；2. 保密；3. 及时有序归档。扣分项，每出现1次未按规范要求扣5分		检查记录、典型事件记录			
关键绩效指标（KPI）权重			≥70		关键绩效指标（KPI）得分					

续表

项目	序号	考核指标	权重（%）	目标值	考核标准	信息来源	实际完成情况	评价得分	加权得分
一般绩效指标（CPI）	1	行政后勤事务服务	10		1.扣分项，每出现1次工作失误或投诉扣10分 2.加分项，每获得1次表扬加5分，封顶150分	典型事件记录、同事反馈			
	2	上级指派任务完成情况	10		本项得分=实际完成件数÷月总指派任务件数×100分	上级评价			
一般绩效指标（CPI）权重			≤30	一般绩效指标（CPI）得分					
工作态度	1	工作态度	负向扣分部分	根据《工作态度考核表》中所列的行为锚定级别对被评价者进行评价					
态度得分									
总得分=KPI+CPI+工作态度分									
评价结果：优秀—S级（　） 良好—A级（　） 一般—B级（　） 需改进—C级（　） 不合格—D级（　）									
绩效计划确认				绩效结果确认					
被考核者签名： 日期：		考核者签名： 日期：		被考核者签名： 日期：		考核者签名： 日期：			

表2-9　月度绩效考核表

被考核人		考核日期	年　月　日		
考核项目	考核方法		自评	复评	批准
ERP/系统管理（+120/-120）	1.对ERP系统生产管理模块操作非常熟练，绩效+30 2.在ERP系统中输入生产任务单据，正确无误，没有差错，绩效+20 3.在ERP系统中，按照生产需求，下达生产任务单，绩效+20 4.其他各类系统单据，保存规范正确，传达及时，无延误，无错误，绩效+20 5.及时更新confluence数据，保持最新的生产信息，没有缺漏，绩效+30 当出现以上1～3项内容没有完成时，扣除相应的分值；当出现4项内容没有完成时，当月绩效为0；当出现5项内容没有完成时，绩效-120				

续表

考核项目	考 核 方 法	自评	复评	批准
报表管理 (+90/-90)	1. 每天对生产相关报表数据输入准确，没有错误，绩效 +20			
	2. 每天及时提供生产相关数据，没有延误，绩效 +20			
	3. 对数据、报表、图表等制作熟练，思路清晰明了，绩效 +15			
	4. 对每天生产部门各小组的生产报表及时上传与传送，绩效 +15			
	5. 每天对生产部门的生产数据进行盘点，绩效 +20			
	当出现以上 1～3 项内容没有完成时，扣除相应的分值；当出现 4 项内容没有完成时，当月绩效为 0；当出现 5 项的内容没有完成时，绩效 -90			
资料整理 (+60/-60)	1. 对工程变更资料的接收、传递、归档与存放，及时无差错，绩效 +15			
	2. 对品质部门反馈的品质资料的接收、传递、归档与存放，及时无差错，绩效 +15			
	3. 对生产资料的摆放，规范整齐，分类合理，方便查阅，绩效 +15			
	4. 对生产文件的整理，规范整齐，分类合理，方便管理，绩效 +15			
	当出现以上 1～2 项内容没有完成时，扣除相应的分值；当出现 3 项内容没有完成时，当月绩效为 0；当出现 4 项内容没有完成时，绩效 -60			
行为规范 (+90/-90)	1. 按时上班，不迟到，不旷工，有事请假经批准并将工作交接清楚，绩效 +15			
	2. 衣着整洁，厂牌佩戴规范，精神状态好，绩效 +10			
	3. 工作时间没有观看与工作无关的电影、小说、游戏等内容，绩效 +10			
	4. 离岗时间超过 5 分钟以上有请示，绩效 +10			
	5. 离岗后电话畅通，未接电话 10 分钟内回复，绩效 +10			
	6. 其他部门没有对生产助理的工作质量、工作责任、工作拖延的抱怨、投诉，绩效 +15			
	7. 自觉遵守和维护公司各项规章制度，绩效 +10			
	8.6S 执行：物料整理、区域清扫、台面清洁、行为素养、安全检查、表单整理到位，绩效 +10			
	当出现以上 1～5 项行为问题时，扣除相应的分值；当出现 6～7 项行为问题时，当月绩效为 0；当出现 8 项行为问题时，绩效 -90			

续表

考核项目	考核方法	自评	复评	批准
工作态度 （+80/-80）	1. 服从公司上司的工作指示和工作安排，不抱怨，不推诿，不挑拣工作内容，绩效 +20			
	2. 工作态度积极，工作努力，主动学习，能较好完成工作内容工作，绩效 +15			
	3. 工作反应迅速，高效执行，能及时完成任务，绩效 +15			
	4. 上级交代的事情按规定时间内完成，无怠慢，无拖延，绩效 +15			
	5. 针对工作问题，能够与同事进行良性的沟通，绩效 +15			
	当出现以上 1～3 项工作态度问题时，扣除相应的分值；当出现 4 项工作态度问题时，当月绩效为 0；当出现 5 项工作态度问题时，绩效 -80			
工作配合度（+60/-60）	1. 配合相关部门工作，不消极，不对抗，绩效 +15			
	2. 配合相关部门工作，积极支持、大力配合，做到互助，互赞，共赢，绩效 +20			
	3. 对同事做错的事情，提出不同意见，绩效 +15			
	4. 能主动对上司的工作作出准确的判断和及时的提醒，绩效 +10			
	当出现以上 1～2 项配合度问题时，扣除相应的分值；当出现 3 项配合度问题时，当月绩效为 0；当出现 4 项配合度问题时，绩效 -60			
创新提案				
	合计评分			

2.3 案例：摩托罗拉的绩效计划

对于公司制订绩效计划，摩托罗拉持这样一种看法：公司要由主打产品和服务组成，公司等同于人力资源，人力资源等同于绩效。由此可见，摩托罗拉非常重视绩效，将绩效与公司管理画了等号。

摩托罗拉公司认为，制订绩效计划是公司内的沟通过程，这个沟通过程要持续不断。在沟通过程中，管理人员和员工是合作关系，沟通之后，应该在下列六个问题上达成一致：

（1）员工应该为公司做什么？

（2）员工的工作为公司的发展做出了什么贡献？

（3）怎样才叫做好了工作？

（4）员工和主管怎样合作才能帮助员工提高绩效？

（5）绩效怎么界定？

（6）影响绩效的问题有哪些方面？怎样解决？

从这六个问题不难看出，制订绩效计划在摩托罗拉具有举足轻重的地位。制订绩效计划是为了优化员工的绩效，而员工的绩效又是服务于公司的，因此，公司的发展前景与员工绩效的优化密不可分。同时，绩效计划关乎公司的发展战略，要用战略眼光看待绩效计划。

另外，摩托罗拉还着重强调了管理人员与员工是合作关系。管理人员不是员工的"裁判"，而是员工的"教练"。这种转变不仅是理念的变化，还是一种创新，它能促使管理人员与员工的思维更加开放，也能使公司内部变得更加民主。随着合作理念深入人心，管理人员与员工之间的关系会更加融洽，互动也会增多，双方共同提高、共同进步，这也正是制订绩效计划时想要实现的目的之一。

同时，摩托罗拉也强调了制订绩效计划的一系列具体化内容，即工作具体化、界定的标准具体化、影响绩效的问题具体化。只有把各种因素具体化，绩效计划才具有可实现性。因此，"具体化"三个字具有极其丰富而深刻的内涵。

摩托罗拉强调沟通。制订绩效计划离开了沟通是无法想象的，离开了沟通的绩效管理也没有出路。因此，沟通在制订绩效计划时尤为重要。在沟通过程中，管理人员和员工就工作目标等方面的内容进行充分的交流，最终形成文字。员工的绩效目标是整个绩效管理和绩效评估的重要一环，能不能完成、完成得好坏对公司非常重要。因此，制订绩效计划时，必须投入大量精力去制订绩效目标。在摩托罗拉，制订绩效目标至少要花费四个月的时间。

摩托罗拉还将绩效计划的制订视为一项系统性工程，用宏观的视角去看绩效计划，将其放在整个公司的运营体系之内，与其他组成部分互相作用、相互依存，又自成一体地完成公司的各项目标。

摩托罗拉在制订绩效计划时，把员工的绩效目标分成了两部分：一部分属于工作目标（Business Goals），另一部分属于行为规范（Behavior Standard）。这两部分相互补充、缺一不可，共同为员工提高绩效和公司发展服务。

沟通不仅存在于绩效计划制订之前，而且也发生在绩效计划制订之后，过少的沟通与绩效管理原则背道而驰。因此，正如摩托罗拉的广告语："沟通无极限"，摩托罗拉公司内无时无刻不进行着全方位的沟通。具体表现：

（1）沟通在管理人员与员工双方之间进行，旨在追踪绩效完成情况，及时发现问题，实现管理人员与员工之间的信息共享；

（2）随机进行正式或非正式沟通，主要就发现的问题专门对话，防微杜渐，及时把问题扼杀在萌芽期。

这个沟通过程会形成文字记录，必要时需要报请上级主管处理。

绩效计划制订之后，为了进行年终的绩效考核，各级管理人员需要在平时注意观察，摘录重要信息。主要包括两方面：一是与绩效有关的，二是员工值得鼓励的行为和不良行为。

摘录的信息也要形成文字材料，有时管理人员还要找员工签字确认。这个工作一般在每年的四月到九月完成。

进入年底，也就到了摩托罗拉检验绩效计划成果，进行绩效评估的时候。

摩托罗拉的绩效评估非常严谨，通常会选择合适的时间，召集所有管理人员一同进行。绩效评估主要包括三个方面：管理人员对下属员工的总体情况给出主观评价和整体印象；管理人员与上一级主管就员工绩效达成一致意见，评出员工的绩效分数，这个过程会非常客观，通常会就实际工作过程中出现的问题展开讨论，沟通解决办法。绩效评估最终会形成书面意见，并当面告知每一名员工绩效考核结果。

绩效评估结束，并不等于绩效计划就全部完成了，摩托罗拉还有一个绩效诊断程序。绩效诊断主要用来评判绩效计划落实的有效性，寻求改进员工绩效的方法，主要包括以下三个方面的内容：确定绩效计划的不足以及出现不足的原因，探究如何指导员工解决绩效不足的问题，明确绩效计划落实过程中管理人员与员工的责任问题。

关于绩效诊断，摩托罗拉也有行之有效的衡量标准，主要包括以下十个方面。

（1）员工的工作目标是否清晰、明确？

（2）员工的工作目标是否兼具合理性与挑战性？

（3）工作目标对员工是否有意义？

（4）员工是否知道绩效目标是如何评估的？

（5）员工是否觉得绩效标准是恰当的？

（6）员工在完成工作目标的过程中，能否得到及时反馈？

（7）员工是否得到了足够的工作培训？

（8）员工是否得到了足够的资源支持，如资金、设备、人员配备等？

（9）员工完成工作目标后，是否得到了鼓励和认可？

（10）员工是否认为公司的绩效考核做到了赏罚分明？

每个问题的满分是10分，通过得分能够知道公司一年来绩效计划落实得怎么样，不足之处在哪里，从而做到查缺补漏，为下一期绩效计划的制订做好铺垫。但是，摩托罗拉员工的绩效评估结果不会以分数公布，而是直接以等级确定，这样既能把员工绩效分出三六九等，也避免了因为分数问题而出现的无谓争执。

同样，在薪酬方面，摩托罗拉也是简单地以等级确定。这样既提高了效率，也把握住了绩效计划的大方向。制订绩效计划的目的是改进员工绩效，而不仅仅是为了薪资待遇。

我们可以发现，摩托罗拉将绩效计划的制订提高到了公司发展战略的高度，并采取了许多行之有效的后续环节以确保绩效计划的顺利落实和不断改进。这些是值得学习的地方。

在移动互联网时代，一个公司"其兴也勃焉，其亡也忽焉"，公司要想发展壮大，越发离不开科学、有效的绩效计划。"他山之石，可以攻玉"，只有不断地向优秀公司学习，才能在激烈的市场竞争中立于不败之地。

第 3 章
如何为员工量身定做一个绩效计划

绩效计划的制订需要被评估者和评估者双方进行沟通，明确员工在某一时间段应该实现的工作绩效，将沟通的结果通过正式的书面协议，即绩效计划和评估表落实。绩效计划是一个明确了责、权、利后签订的公司内部协议。从公司最高层开始，绩效目标经层层分解，分散到各级子公司及部门，最终落实到每个员工身上。

作为绩效管理的一种有效工具，绩效计划能使决策层把精力集中在影响公司发展最为关键的经营决策上，确保公司逐步实施总体战略计划，实现年度工作目标，同时在公司内部营造一种力争上游的公司文化。

总之，在制订绩效计划时，不仅要全面考虑公司的总体战略与年度目标，更重要的是要根据每个员工的实际情况量身定做，建立合理的绩效计划与管理机制。

3.1 员工绩效计划内容

为员工量身定制绩效计划，首先要确定员工绩效计划的内容，包括被评估者信息、员工绩效计划及评估内容、权重等六个方面，如图3-1所示。

员工绩效计划来源于公司整体经营绩效计划，应由公司各层级经理人员和员工进行充分沟通后制定，涉及关键绩效指标、工作目标、指标权重、评分标准、指标的目标值、绩效评估周期等内容，最终将绩效计划书的完成结果与员工薪酬奖励及员工能力发展联系在一起，有机地将公司整体利益和员工个人利益整合在一起。

1. 被评估者信息
2. 员工绩效计划及评估内容
3. 权重
4. 关键绩效指标设定
5. 指标评分标准
6. 绩效评估周期

图 3-1 员工绩效计划内容

3.1.1 被评估者信息：基本信息 + 薪酬等级 + 绩效

公司为员工制订绩效计划要明确每一位被考核员工的基本信息。基本信息主要包括两方面内容：一是员工的个人基本情况，如性别、年龄、学历、工作年限、相关工作经验等；二是员工所从事工作岗位的各项职责和权限。员工个人信息与某公司生产部门员工岗位职责示例如表3-1、表3-2所示。

表 3-1 员工个人信息

基本情况	姓名		性别		民族		照片
	出生年月		身份证号码				
	政治面貌		婚姻状况				
	户籍所在地		现居住住址				
	毕业院校			专业			
	毕业时间		学历		学位		
	联系电话		紧急联系人1		紧急联系人2		
	户口性质	□本市城镇 □外地城镇	□本市农村 □外地农村	邮箱			
教育培训经历	起止时间	学校/机构		所学专业/培训课程		学历/证书	
工作经历	起止时间	工作单位		工作岗位	证明人		联系方式

续表

家庭成员	与本人关系	姓名	工作单位	职位	联系方式

是否有传染性疾病或慢性疾病：是 □ 否 □ 如果有，请说明具体情况：_____
是否有刑事处罚或治安处罚经历：是 □ 否 □ 如果有，请说明具体情况：_____
是否曾因个人原因而被原单位清退：是 □ 否 □ 如果是，请说明原因：_____

表 3-2　某公司生产部门员工岗位职责

岗 位	主要职责	工作内容
主管	一、生产管理、质量管理	1. 根据公司年度战略目标要求及生产计划，制订部门月度工作计划并组织完成 2. 负责监督生产工艺流程的实施，确保产品质量满足客户需求 3. 负责审核生产过程中的数据、分析报告等相关生产报表
	二、成本控制	1. 审核部门年度预算、月度预算以及相关成本核算等 2. 制订部门成本控制计划，并监督执行 3. 分析部门成本控制情况，并制定改进方案
	三、安全生产管理	1. 确保职业健康安全体系和安全标准化体系在部门的正常运行 2. 负责起草、实施本部门月度安全任务书，并确保完成 3. 监督、考核安全生产制度执行情况
	四、部门员工管理	1. 负责部门内部制度建设，建立部门内部考评制度并组织实施 2. 负责组织实施部门员工的技能、安全培训 3. 负责组织对部门员工、外聘员工的管理及绩效考核工作
副主管（生产）	一、生产工艺管理	1. 根据生产计划组织生产、加工，了解客户要求，对生产调度批次计划工艺策划表进行审核，及时将其传达给各车间，根据工序工艺过程要求，组织检查生产前各工序的准备是否符合要求，提前做好生产、加工准备 2. 组织检查和监督各车间对车间生产管理规定生产现场管理制度和交接班管理制度的执行情况，发现问题及时告知并纠止；组织、检查和督促生产各工序工艺指标完成情况，加强生产流程管理，纠正问题、杜绝隐患 3. 排除影响生产、加工环节的不利因素，解决存在的问题，保证正常生产
	二、现场管理	1. 负责部门生产现场"6S"管理的推动工作，组织对"6S"开展情况进行监督、检查、考评

续表

岗 位	主要职责	工 作 内 容
副主管（生产）	二、现场管理	2. 定期对生产现场实施清洁、定置管理、职业健康安全文明管理进行检查、指导、记录，对现场存在的问题进行告知并纠正，维持并提升生产现场管理水平，对制度的运行进行验证和完善
		3. 每周根据生产现场和工艺设备实际情况制订周末卫生清洁计划，并组织相关员工对现场情况进行检查、记录
		4. 负责职业健康安全、安全标准化管理体系在各车间的有效实施
	三、数据统计与管理	1. 负责组织收集、整理、存档相关方提供的生产原始数据单据，组织进行生产相关数据的统计及分析
		2. 负责组织对生产情况进行经济运行分析，并提出持续改进措施
		3. 负责所辖车间生产物资的消耗实施控制，对每月生产物资计划进行审核
	四、工艺技能培训	1. 负责开展部门生产工艺技术研讨和工艺员工的技能培训工作，并定期组织考试
		2. 负责做好生产工艺员工个人信息、培训记录的存档工作
副主管（设备）	一、设备日常管理	1. 负责部门设备技术改造的管理工作
		2. 负责组织监督生产设备、配套设施的自主维护与日常运行管理
		3. 负责组织建立和完善设备维护管理制度，并监督执行
		4. 负责组织部门设备周检修计划的实施和淡季检修计划的报批及具体实施
		5. 负责按照定额制定机配件采购月度计划
		6. 负责牵头组织备品、备件的验收工作，配合设备验收
		7. 负责组织部门技术力量参与设备外委维修技术方案、厂设备技改方案的制订及项目竣工验收工作
		8. 负责组织实施经上级领导授权的部分外委维修和技改工作
	二、动力设备管理	1. 负责组织对动力设备的运行使用和日常维修、维护管理，确保其安全有效地运行
		2. 负责组织对动力设备提出大修、更新、技术改造项目计划，并参与维修方案制订及项目竣工验收工作
		3. 负责与动力设备管理政府职能部门的沟通与协调
		4. 负责组织对部门特种设备的报检和送检工作
	三、现场管理	1. 负责职业健康安全、安全标准化管理体系在所辖车间的有效实施
		2. 负责部门"6S"管理在所辖车间的有效实施，并持续改进
	四、维修技能培训	1. 负责开展部门维修技术研讨和维修员工技能培训工作，并定期组织考试
		2. 负责做好维修员工个人信息、培训记录的存档工作

续表

岗 位	主 要 职 责	工 作 内 容
生产操作员	一、工艺操作	1. 根据工序工艺要求表、生产作业指导书进行工艺操作，依据检测结果及时调整工艺操作
		2. 对工艺执行情况进行分析、总结，贯彻、执行相应的工艺文件
		3. 按时填写填料记录表
	二、设备管理	1. 严格执行设备安全操作规程，监督设备运行情况，发现问题及时汇报给机电维修组
		2. 设备发生堵料时，应及时组织、安排员工掏料，监督、配合掏料员工安全操作
		3. 根据生产设备运行情况，提出设备维修、技术改造、更新建议
	三、现场管理	1. 负责操作区域内的"6S"管理
		2. 协助主管做好外聘员工管理工作
工艺工程师	一、生产流程优化	1. 根据生产调度批次计划、工艺策划表对生产流程进行分析和总结，并提出合理化建议
		2. 配合副主管（生产）对工艺过程进行监督、管理
	二、生产知识培训	1. 负责对生产操作员进行生产相关知识的培训和考核
		2. 负责新标准、新工艺的指导和解释
		3. 负责编写部门内部的工艺、技术培训课件并定期组织员工学习
	三、生产技术问题	1. 负责研究、解决生产技术"瓶颈"
		2. 负责解决车间生产的技术难题
		3. 负责收集整理生产车间提出的设备技术改造方案，配合部品控、创新工作的正常、有效开展
	四、数据统计与分析	1. 负责审核部门经济运行数据的准确性，对异常数据进行分析并制订应对预案
		2. 负责监督基础数据的准确性，配合主管完成车间绩效考核工作
安全员	一、安全管理	1. 负责职业健康、环境安全体系和安全标准化体系在部门的运行检查，制定安全考核方案并组织实施
		2. 负责制定部门相关安全管理制度、设备操作规程，组织员工签订安全工作任务书，并下发到部门各车间（签订）存档
		3. 负责组织部门危险源的辨识工作，并落实控制措施
		4. 负责每日检查生产现场、工作现场，特别是对生产车间高风险作业员工的安全行为、高风险设备的安全状态、高风险区域的安全情况进行检查并记录存档
		5. 负责上报、整改所发现的安全隐患，并对整改结果进行检查、考核

续表

岗　位	主要职责	工作内容
安全员	二、设备管理	1. 负责对安防设施进行检查，对发现的问题及时上报
		2. 负责锅炉、压力容器的安全管理，按照相关规定配合对锅炉本体、安全附件进行维护、检测
		3. 负责报修部门所辖区域内存在安全隐患的房屋、门窗、墙壁等设施
	三、相关方管理	1. 严格执行相关方现场的安全监督管理
		2. 负责重点相关方每日项目开工前的安全验证
		3. 相关方出现"三违"现象后，督促整改
生产组长	一、生产及质量管理	1. 依照生产调度批次计划组织本车间开展生产，保质保量完成生产
		2. 负责根据工艺策划表实施产品质量管理与过程控制，监督各道工艺标准的执行情况，确保产品质量达标
		3. 负责处理生产中出现的突发事件，解决生产过程中存在的各种问题，保证生产正常进行，认真填写相关记录，并保持记录准确、完整和有效
		4. 负责保证组织运行管理规定在本车间的正常运行
		5. 负责组织当班员工配合设备维修，保证设备正常运行
	二、现场管理	1. 负责保证生产现场管理制度和交接班管理制度在本车间正常运行
		2. 负责组织"6S"在本车间的开展和持续改进
	三、用工管理	1. 负责制定车间内部考核方案，并有效实施
		2. 负责对本车间外聘员工管理，并对其进行绩效考核
		3. 负责根据实际工作需要，合理安排外聘员工岗位
		4. 负责统计本车间员工考勤情况，并按要求报送
	四、安全管理	1. 负责职业健康安全、环境管理体系在本车间的实施
		2. 对车间安全生产负责，对员工进行岗前、转岗安全培训，对新入职员工进行安全培训，并做好记录保存工作
预处理操作员	一、组织生产	1. 对进入和退出车间的原料、产品情况负责，监督原料重量和投入数量，并如实记录
		2. 按照生产调度计划进行投料，并选出与生产计划等级不符合的原料，保证产品质量和产量，对投入的原料配比进行有效控制
		3. 控制产品中的杂质含量，确保一类杂质含量为零，二、三类杂质含量不超标
		4. 确保各项工艺数据的真实、准确

续表

岗 位	主 要 职 责	工 作 内 容
预处理操作员	二、生产过程、工艺指标控制	1. 根据生产需要管理预处理工序工艺操作、控制原料投入量、控制温度与湿度，为下一道生产工艺创造良好条件
		2. 负责预处理工艺设备的正常有效运行
		3. 依据检测结果组织生产操作员及时调整工艺操作
		4. 根据生产设备运行情况，提出设备维修、技术改造与更新的建议
	三、产品回填及废弃物处理	1. 组织员工对生产过程中产生的不合格成品进行回填处理，并如实记录
		2. 组织员工对生产现场清洁出的废弃物做好相关分类，并如实记录
	四、安全生产及现场管理	1. 每天检查预处理工艺安全生产情况，发现违反安全操作规程的行为及时制止、纠正
		2. 根据实际情况，对叉车等设备使用过程中的安全隐患及时予以提醒和制止
		3. 根据机电设备维修要求，安排员工协助，发现安全隐患及时提醒、制止
		4. 做好预处理工艺现场保洁工作，保持所辖区域清洁及物资定置堆放
	五、原料准备与管理	1. 根据生产调度要求和实际生产情况，对生产所需原料进行准备
		2. 负责联系库管员工，领用原料，并填写领料清单
		3. 负责领用原料的储存管理
打包操作员	一、工艺操作管理	1. 根据工艺要求按照打包作业指导书进行工艺操作，依据检测结果及时调试设备
		2. 对打包工艺执行情况进行分析、总结，贯彻执行相应的工艺文件
	二、打包设备管理	1. 监督打包设备运转情况
		2. 处理设备堵料现象，依照设备安全操作规程监督、指导掏料员工安全操作
		3. 及时向各车间生产组长传达生产工艺进展情况
	三、生产管理	1. 负责打包工艺的管理，提高产品质量和生产效率，负责生产数据的审核和收集，保证数据的准确性
		2. 对打包工艺生产现场执行定置管理和清整管理，保持设备及地面卫生，保持现场原料、产品定点存放，确保现场整洁、规范、有序
		3. 每天检查本工段安全生产情况，发现违反安全操作规程行为及时制止、纠正
		4. 根据实际情况，对叉车等设备使用过程中的安全隐患及时予以提醒和制止
	四、产品放置管理	1. 组织相关员工根据生产调度要求对产品定点、分类存放
		2. 负责对已打包的产品进行管理，并作相应记录

续表

岗　位	主要职责	工作内容
维修组长	一、生产设备点检、维修、保养	1. 负责组织员工依照设备日常点检制度进行点检，并填写生产设备日常点检表，负责安排所属区域卫生
		2. 负责组织对生产过程中的设备故障进行抢修，确保生产正常运行
		3. 负责对设备故障原因进行初步分析，并配合副主管（设备）制订检修计划
		4. 对设备保养工作及发现的问题提出合理化建议
	二、淡季设备检修	1. 根据设备情况提出淡季检修建议和计划草案
		2. 组织员工根据批准的检修计划进行淡季检修，并完成记录
		3. 检修完成后，对设备进行试机待验收
	三、设备的大中修和外包维修	1. 负责监督施工单位员工对生产设备进行改造、拆卸、安装、调试
		2. 对外包维修、维护业务承揽方进行管理和监督
		3. 对设备安装中质量、技术安全进行协调和处理
	四．备品备件的验收	1. 参与设备技改、大修项目、备品备件的验收
		2. 负责对机加工件的验收和提出改进措施
维修技术员	一、日常维修维护及监管	1. 参与当天运行班组生产设备、辅助设备、电气设备的维修和保养，并填写相应记录表
		2. 对当天运行班组生产设备、辅助设备、电气设备完成点检记录，对设备维修情况进行记录、分析、归档，对维修工进行技术指导和管理
	二、压力设备维修和保养	1. 每天按时开启空压站和热力站蒸汽压力，确保正常生产
		2. 负责取暖期开启热力站暖气，确保暖气供给正常
	三、外委维修工作	1. 配合实施设备的大中修和外委维修工作
		2. 根据工作安排对外委维修项目进行技术配合和现场安全监管
		3. 对设备技改和外委维修提出合理化建议
锅炉组长	一、锅炉运行管理	1. 每天负责安排锅炉机电、司炉、上煤除渣、行车污水处理、软水处理工作并检查工作质量，保证锅炉安全正常运行，并保持相关记录持续、完整
		2. 按要求检查三大安全附件使用情况，遇锅炉故障立即组织人员抢修
		3. 按要求检查锅炉机电、水处理记录等
		4. 负责锅炉燃煤和备品备件的入库验收，参与设备验收工作
		5. 负责组织锅炉启停炉、烘煮炉、干湿保养
		6. 监督水质处理质量，督促做好排污工作

续表

岗 位	主要职责	工 作 内 容
锅炉组长	二、锅炉的检修和日常保养	1. 负责组织锅炉运行过程中进行巡回检查，并作好记录
		2. 及时报告已发现的事故隐患并按指令进行整改
		3. 负责组织锅炉车间维修工、司炉工对锅炉各系统进行保养和检修
		4. 负责锅炉环保设施的运行维护管理
	三．烟道、沉淀池清理	1. 利用相关的设施，组织将污水池内的灰浆抽到沉降池内
		2. 组织对沉渣池内的灰浆进行定时清理，并要保证环保卫生
		3. 负责保证在混合灰过程中的污水浆供应
		4. 负责组织行车污水处理工对灰渣装车
		5. 督促污水处理质量，保证污水处理循环使用不外排
设备组长	一、锅炉管理	1. 负责对锅炉设备运行相关数据进行收集运算，根据要求填写相关表格并报部门
		2. 即时分析相关数据，对锅炉设备运行情况进行评估，作相应工作安排并完成收集归档建立设备档案
		3. 收集维修组相关记录，并根据记录作相应工作安排，保证相关记录完整
		4. 对锅炉运行班进行日常管理和工作安排，制定锅炉压力容器有关工作制度并加强车间安全教育和相关防护措施
		5. 根据锅炉设备运行情况结合实际生产安排，组织员工对锅炉设备进行日常检修
		6. 编制周检修计划、淡季设备检修计划，并组织开展相应检修工作，检查检修完成情况及检修质量
		7. 根据设备运行状况和需求编制锅炉设备零备件月（年）度计划，参与生产物资、备品备件采购的质量验收
	二、配电设施管理	1. 负责安排变电站高低压配电设备的日常运行监控工作
		2. 督促员工完成当班期间配电设备巡检、抄表等工作，保证记录完整、准确并按时上报
		3. 确保变电站配电设备处于正常良好状态，发现重大设备故障或隐患及时向上级汇报，组织员工处理部分简单的低压设备故障
		4. 根据设备运行和维护情况提出技改或大修项目
		5. 全程参与变电站的改造大修实施过程，并参加最终验收
		6. 严格按照安全操作规程作业，并督促本车间员工严格执行
		7. 保证变电站卫生清洁达标
		8. 负责办理与供电局相关的业务手续
		9. 现场配合供电局实施相关工作

续表

岗 位	主要职责	工 作 内 容
设备组长	三、外包业务管理	1. 负责锅炉年度报检，根据锅炉年检情况，对存在的不安全因素组织员工进行整改
		2. 对维修、维护业务承揽方进行管理和监督，对设备安装中质量、技术安全进行协调和处理
		3. 对设备安装中质量、技术安全进行协调和处理
		4. 对维修维护业务承揽方工程费用的办理
	四、能耗、环境控制管理	1. 对锅炉车间能源及辅助材料消耗、工业污染排放进行控制，逐步降低单位能耗与污染排放
		2. 每月月底负责能耗报表统计并报送部门
		3. 负责配合环保部门实施环境监测

薪酬等级是公司综合同行业标准、发展情况、规模等因素，根据不同岗位价值建立起来的薪酬管理体系。某公司薪酬等级表示例如表3-3所示。

表3-3 某公司薪酬等级   单位：元

序 号	等 级	基本工资	岗位工资	绩效工资	考 勤	合 计
1	1级	1500	4500	1800	100	7900
2	2级	1500	4350	1700	100	7650
3	3级	1500	4200	1600	100	7400
4	4级	1500	4050	1600	100	7250
5	5级	1500	3900	1560	100	7060
6	6级	1500	3750	1500	100	6850
7	7级	1500	3600	1440	100	6640
8	8级	1500	3450	1380	100	6430
9	9级	1500	3300	1320	100	6220
10	10级	1500	3150	1260	100	6010
11	11级	1500	3000	1200	100	5800
12	12级	1500	2850	1150	100	5600
13	13级	1500	2700	1050	100	5350
14	14级	1500	2550	1020	100	5170
15	15级	1500	2400	950	100	4950
16	16级	1500	2250	900	100	4750
17	17级	1500	2100	840	100	4540
18	18级	1500	1950	780	100	4330
19	19级	1500	1800	750	100	4150
20	20级	1500	1650	650	100	3900

续表

序 号	等 级	基本工资	岗位工资	绩效工资	考 勤	合 计
21	21级	1500	1500	600	100	3700
22	22级	1500	1350	540	100	3490
23	23级	1500	1200	500	100	3300
24	24级	1500	1050	420	100	3070
25	25级	1500	900	360	100	2860
26	26级	1500	750	320	100	2670
27	27级	1500	600	200	100	2400
28	28级	1500	450	150	100	2200
29	29级	1500	300	100	100	2000
30	30级	1500	150	50	100	1800
31	31级	1500	0	0	100	1600

在绩效计划过程中，公司必须综合考虑员工的基本信息和薪酬等级，量体裁衣，唯有如此，才能够将公司的发展战略与员工的个人利益统一起来，进而构建公平性与竞争性兼备的绩效管理体系。

3.1.2 员工绩效计划及评估内容：KPI+GS

KPI（Key Performance Indicators），即关键绩效指标。KPI在绩效计划阶段制订，可量化，可以用来衡量员工工作目标的实现程度。KPI不但能够使公司对员工进行科学、有效的绩效管理，还是公司不断实现价值创造的内驱力。

KPI的作用主要体现在以下两个方面。

（1）KPI能够使管理人员及时发现公司经营、管理中存在的关键问题，科学、合理地制订绩效考核指标，推进公司战略目标实现的进程。

（2）KPI是由管理人员与被考核员工共同制订的，这就使上下级实现有效的绩效沟通成为可能。

如今的许多公司都看到了制订KPI的优越性和重要性，但往往不会根据自身情况来准确制订KPI。

准确制订KPI，必须先要让全体员工明确公司的战略目标，公司的一切绩效考核结果都必须与战略目标挂钩,形成目标一致的"价值场",如图3-2所示。

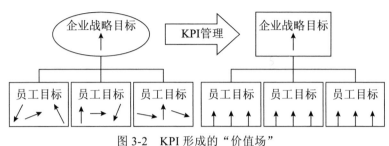

图3-2 KPI形成的"价值场"

制订好KPI后,就要将其分解给每一位员工,确保绩效考核指标的有效性、可控性和可测性,如表3-4~表3-11所示。

表3-4 某公司销售部KPI

指标名称	销售目标达成率
指标定义	指年度销售目标经分解后形成月度销售目标实际达成的比率
设立目的	考核营销部门在销售方面目标与实际情况的对比,是反映营销部门市场开发力度的一个重要指标
计算公式	销售目标达成率 = 实际销售发货额 / 目标销售额 ×100%
相关说明	1. 销售业绩根据成交的单据确定; 2. 该指标由销售部内部自行统计并上报; 3. 各类产品应分别进行统计
指标名称	销售增长率
指标定义	产品销售额较去年同期增长的百分比
设立目的	反映当期产品销售额较去年同期增长情况
计算公式	销售增长率 = (本月实际销售额 - 去年同期销售额) / 去年同期销售额 ×100%
相关说明	1 可按产品种类统计; 2. 销售额要以产品实际出货情况为基准; 3. 在管理运用上,可按营业区作统计分析
指标名称	回款率
指标定义	指在一定时期内货款回收金额与计划回收金额之比
设立目的	考核销售部货款回收的管理和业绩
计算公式	货款回收计划完成率 = 货款回款金额 / 计划回款金额 ×100%
相关说明	1. 按财务规定的付款进度进行统计; 2. 该指标可作每日管理工具由销售部每日自行累计,月度以财务报表为准

续表

数据收集	销售部、财务部
数据来源	销售部的货款统计和财务资料
数据核对	财务部
统计周期	每月一次
统计方式	数据和趋势图

表 3-5　某公司市场部 KPI

指标名称	成品库存周转率
指标定义	一定时期内,成品实际库存的平均周转次数
设立目的	反映市场部成品库存周转情况,即反映商品变现速度
计算公式	成品库存周转率 = 本期出货金额 /[(本期初库存额 + 期末库存额)/2]×100%
相关说明	1. 成品计算以元或销售额为单位; 2. 出货金额以合同金额或标准价格计算

指标名称	市场占有率
指标定义	某一时期内产品在一定地理区域(根据市场分割)的占有比率,是针对竞争对手而言的
设立目的	通过了解每年在各地区产品市场中所拥有的份额情况,反映公司以及竞争对手各类产品的市场占有情况
计算公式	市场占有率 = 年度产品销售量(额)/ 国内年度同类产品销售量(额)×100%
相关说明	1. 统计数据每年收集一次,根据年度销售,确定与上一年同期对比; 2. 如果没有上一年同期的资料,可与本期计划作对比; 3. 资料的准确性难以保证,建议只作为一般参考
指标名称	品牌认知度
指标定义	表示通过 CI 广告宣传,客户对公司品牌的认知度
设立目的	考核市场部在品牌宣传方面取得的成效
计算公式	品牌认知度 = 受访的认知人数 / 受访总人数 ×100%
相关说明	1. 每季度或半年或一年进行一次客户调查; 2. 客户调查可委托专业机构或由市场部执行
数据收集	市场部或专业调查机构
数据来源	调查表
数据核对	市场部
统计周期	每季度、每年度各一次
统计方式	数据和趋势图

表 3-6　某公司客服部 KPI

指标名称	用户满意综合指数
指标定义	用户对技术、产品质量、交货期、售后服务等方面的综合满意程度
设立目的	从用户角度反映公司的服务水平
计算公式	根据调查结果进行统计分析
相关说明	1. 由客服部设计问卷题目、统计方式和评分标准，对一定时期内公司的客户进行问卷调查，也可委托第三方进行问卷调查和统计分析； 2. 问卷内容应包括售中、售后、安装、维修、品质等意见
指标名称	投诉处理率
指标定义	在一定时间段内，客服部对客户投诉实际处理完毕的投诉数量占总投诉次数的百分数
设立目的	反映处理用户投诉的工作态度和工作效率
计算公式	月投诉处理率 = 每月实际处理的投诉数量 / 投诉总量 ×100%
相关说明	1. 可考虑设立专门接受客户投诉的单位和渠道； 2. 投诉处理应建立书面资料
指标名称	内部服务满意度
指标定义	显示内部客户服务精神的管理
设立目的	提倡内部客户服务的精神，进一步贯彻全员服务意识
计算公式	内部服务满意度等同于调研平均得分
相关说明	以部门的服务意识、服务行为为调研内容。
数据收集	客服部
数据来源	调研资料
数据核对	各部门
统计周期	每半年或一年一次
统计方式	数据和趋势图

表 3-7　某公司研发部 KPI

指标名称	申请立项通过率
指标定义	某一时期，研发部门产品申请立项通过的比率
设立目的	考查科研中心产品立项质量情况
计算公式	申请立项通过率 = 产品立项通过数 / 立项总数 ×100%
相关说明	1. 该指标可以研发小组或个人进行统计； 2. 研发部门以季度、年度为周期提出研发立项计划
指标名称	项目及时完成率
指标定义	某一时期研发部门立项产品实际完成量与计划完成量的比率
设立目的	考核研发部门的项目及时完成情况
计算公式	项目及时完成率 = 实际完成量 / 计划完成量 ×100%

续表

相关说明	1. 计划完成量根据研发部门月滚动计划计算； 2. 当期未完成项目，顺延至下期计算。
指标名称	产品研发收益率
指标定义	某一时期研发产品的回款金额与同期研发部研发投入的比率
设立目的	考查产品的研发效益，衡量研发价值
计算公式	产品研发收益率＝研发产品的当年回款额／该产品投入×100%
相关说明	1. 按产品分别进行统计； 2. 研发投入费用包括科研投入、人员出差、设备维修等； 3. 开发收益以产品投入市场一年的营业利润合计，因设计失误所造成的退货损失要从利润中扣减
数据收集	财务部
数据来源	财务报表
数据核对	研发部门
统计周期	每半年一次
统计方式	数据和趋势图

表 3-8　某公司采购部 KPI

指标名称	采购价格指数
指标定义	指采购部门对供应商开发以及市场价格、价格谈判的管理能力
设立目的	通过该指标表现采购部门对供应商开发、辅导以及市场价格的掌握、优势谈判等所创造的价值
计算公式	采购价格指数＝（单价变动额×当期用量）／当期原料标准成本总额
相关说明	1. 该指标的使用要先建立年度管理单价； 2. 单价变动额＝Σ（当期平均单价－管理单价）； 3. 当期原料标准成本总额＝Σ（管理单价×当期用量）
指标名称	采购达成率
指标定义	表现对外原料采购的管理效益
设立目的	反映采购部门对供应商的选择与管理情况
计算公式	采购达成率＝交货完成的采购笔数／到交期的请购笔数×100%
相关说明	交货完成的采购笔数有两种计算标准，一种是由采购人员签发请购单计算，另一种是在供应商交货验收完成后才计算
指标名称	供应商交货一次合格率
指标定义	指供应商提供的原料到公司经质检部检验一次合格的比例
设立目的	1. 通过该指标表现采购部门对供应商开发、辅导的管理； 2. 追求厂商供应成本的最小化
计算公式	供应商交货一次合格率＝1－（退货批数＋特采批数）／交货批数×100%
相关说明	1. 同一批原料交货二次即计为二批原料； 2. 于交货处当场检验以便加强厂商竞争来改善原料品质； 3. 该指标为供应商管理与辅导的重要指标，建议作为管理要项而不作为考核指标

续表

指标名称	原料库存周转率
指标定义	一定时期内,原料实际库存的平均周转次数
设立目的	反映从调度→采购→仓管的条理性及管理能力 即反映原料资金变现速度
计算公式	原料库存周转率 = 生产领料总金额 /[(期出库存额 + 期末库存额)/2]×100%
相关说明	1. 原料单价建议使用管理单价; 2. 淡旺季产品应与去年同期作管理比较; 3. 该指标可分类为成品、原料、备品备件、劳保文具
数据收集	采购部
数据来源	MRP Ⅱ 系统
数据核对	财务部
统计周期	每月、每年一次
统计方式	数据和趋势图

表 3-9　某公司生产部 KPI

指标名称	工资毛利润贡献率
指标定义	公司某一定时期的税前利润额与核发工资的比较
设立目的	通过工资利润比的表现,掌握生产工厂所创造价值的变化,也就是说调薪能否相对地提高生产能力
计算公式	工资毛利润贡献率 =(毛利润 / 核发工资)×100%
相关说明	1. 毛利润 = 生产产值 - 生产成本(生产成本包括原料成本、直接工资、制造费用); 2. 核发工资要包含临时工、契约工的工资; 3. 工资合计包含车间主任以下人员
指标名称	在制品周转率
指标定义	一定时期内,生产部门实际库存的平均周转次数
设立目的	反映生产车间内库存周转情况,即反映车间资金积压速度
计算公式	在制品周转率 = 入库成品原料总成本 /[(在制品期初库存额 + 在制品期末库存额)/2]×100%
相关说明	1. 原料单价建议使用管理单价; 2. 淡旺季产品应与去年同期作管理比较
指标名称	生产效率
指标定义	指生产部门所投入工时的有效利用率
设立目的	反映生产管理对人员、设备和制程的管理效率
计算公式	生产效率 =Σ 产成品核定工时 /Σ 产成品投入工时 ×100%
相关说明	1. 投入工时要扣除因停电、缺料等外部因素所造成的停产工时; 2. 要做到这项统计必须每日由车间提报工时记录

续表

指标名称	原料收率
指标定义	指生产部门所投入原料的有效利用率
设立目的	反映生产管理对人员、设备和制程的管理在原料上产生的效益
计算公式	原料收率 = Σ 产成品标准用料合计 / Σ 产成品领用原料合计 ×100%
相关说明	1. 要做到这项统计必须按合同归属领料； 2. 该指标为生产日常管理的重要指标
指标名称	设备时间利用率
指标定义	指设备在时间上的有效利用率
设立目的	反映生产部门对设备的维修、保养与使用的管理效益
计算公式	设备利用率 =1－（停机总工时 / 设备可用总工时 ×100%）
相关说明	1. 设备可用总工时为 24 小时； 2. 停机工时是指因停电、未排产、缺料停产、缺料待修、故障等因素停机，缺料待修指因缺少备件停机超过 30 分钟以上的停机，30 分钟计为故障，超出时间计为缺料停机； 3. 要做到这项统计必须做好设备运行的停机记录； 4. 该指标为生产日常管理的重要指标
指标名称	设备有效生产率
指标定义	指生产部门对设备的有效利用率
设立目的	反映生产部门对设备的维修、保养与使用的管理效益
计算公式	设备利用率 =（设备开机总工时－外部停机总工时）/ 设备开机总工时 ×100%
相关说明	1. 设备开机总工时即每日上班工时（包括加班工时），外部停机总工时是指因停电、未排产、缺料停产、缺料待修等因素造成的停机总工时。缺料待修指因缺少备件停机超过 30 分钟以上的停机，30 分钟计为故障，超出时间计为缺料停机； 2. 要做到这项统计必须做好设备运行的停机记录； 3. 该指标为生产日常管理的重要指标
指标名称	合同准时完成率
指标定义	指生产部门对合同交期的管理能力
设立目的	反映生产部门从原料供应→生产调度→制程管理的综合效益
计算公式	合同准时完成率 =1－（当月延迟合同数量 / 当月应交货合同数量）×100%
相关说明	1. 上月延迟到本月的合同并入本月计算； 2. 合同延迟一天交货即视为延迟合同； 3. 该指标为生产日常管理的重要指标
数据收集	市场部
数据来源	合同与出货单
数据核对	生产部
统计周期	每日、每月一次
统计方式	数据和趋势图

表 3-10 某公司人力资源部 KPI

指标名称	员工自然流动率
指标定义	一定时期内公司员工流动的比率
设立目的	借该指标考查部门的稳定性和人员代谢
计算公式	员工自然流动率 = 离职人数 / 在编的平均人数 ×100%
相关说明	1. 员工应有一定的流动率，流动率一般应控制在 5% 以内； 2. 员工在试用期满前离职不列入统计范围； 3. 该指标为人力资源的管理参考指标，建议作为政策参考用
指标名称	人员需求达成率
指标定义	一定时期内各部门于编制内提出人员增补需求的完成状况
设立目的	显示人力资源部门对各单位服务的绩效
计算公式	人员需求达成率 = 报到人数 / 需求人数 ×100%
相关说明	1. 报到员工要满足用人单位的人才需求规格； 2. 人员是否录用应由需求单位面试决定
指标名称	培训计划达成率
指标定义	指在一定时期内培训计划的执行状况
设立目的	考查员工受培训及人才培养的执行
计算公式	培训计划达成率 = 培训计划执行总时数 / 培训计划总时数 ×100%
相关说明	1. 培训指对员工进行有关公司文化、专业技能、外部培训、委托培养等方面正式的有组织的培训； 2. 培训计划总时数 = Σ 计划课时数 × 计划人数； 3. 培训课程要以满足各单位的培训需求为原则
数据收集	人力资源部
数据来源	培训通知或记录
数据核对	各部门
统计周期	每月一次
统计方式	数据和趋势图

表 3-11 某公司财务部 KPI

指标名称	结算延迟天数
指标定义	表示财务部门财务结算时效和日常单据处理的能力
设立目的	考核财务部门的人员工作效率
计算公式	结算延迟天数以规定的结算完成日计算
相关说明	每月结算延迟天数的累加即为年的延迟天数，提早完成的天数不予计算
指标名称	支出审核失误率
指标定义	表示财务部门在稽核功能上的表现状况
设立目的	考核财务部门的单据与出纳管理能力
计算公式	支出审核失误率 = 不当支出金额 / 支出总额 ×100%

续表

相关说明	1. 所谓不当支出为请款手续和资料有缺陷的； 2. 所谓不当支出为超出核决权限而付款的
指标名称	资金调度达成率
指标定义	对财务部门提供资金需求的服务能力
设立目的	考核财务部门的资金管理和运筹能力
计算公式	资金调度达成率＝资金调度完成金额/经核准的资金需求总额×100%
相关说明	资金调度工作是财务部门合理运用资金的重要管理手段
指标名称	投资成功率
指标定义	表示对投资评估、审核与管理的严谨性
设立目的	考核投资项目的成功比率
计算公式	投资成功率＝投资成功件数/投资总件数×100%
相关说明	1. 达成投资评估的85%及以上即为成功； 2. 投资评估可以投资回收年限或投资报酬率为基准
指标名称	投资预算超支比率
指标定义	对投资项目的预算核算、审核与执行的管理能力
设立目的	考核投资项目的预算管理的评价
计算公式	投资预算超支比率＝Σ（投资实际发生金额－投资预算金额）/Σ投资预算金额×100%
相关说明	计算投资发生金额－投资预算金额时要以每一件的投资金额计算
指标名称	投资延迟天数
指标定义	对投资项目的进度规划与进行的管理能力
设立目的	考核投资项目的执行进程管理的评价
计算公式	投资延迟天数＝Σ（投资实际完成日－投资预定完成日）
相关说明	1. 投资完成日以能交付使用的日期为基准； 2. 提前完成不列入计算；也就是说，提前完成不能扣抵其他项目的延迟
数据收集	财务部
数据来源	工作报告
数据核对	财务部
统计周期	年度
统计方式	数据和趋势图

　　KPI用来衡量可以量化的绩效指标，对于难以量化的绩效指标，就需要用GS来衡量。GS（Goal Setting），即工作目标设定，是指与公司发展战略和经营计划无直接关系、难以量化的工作内容，如工作周密性、服从管理人员安排等。

　　GS是对KPI的重要补充：GS侧重于定性，KPI侧重于定量，GS注重绩效目标的实现过程，而KPI注重绩效目标的实现结果。因此，公司在为员工制订绩效计划时,要将 KPI 与 GS 结合起来,如表 3-12 所示。

表 3-12 某公司生产部的绩效计划

所属部门		生产部		入职时间			考核日期		
姓名		工号		岗位			考核周期		月度

		计划阶段					评估阶段		
	关键绩效指标	权重	评分标准	目标值	达成值	自评说明	自评分	考核部门评分	越级领导评分
								评分说明 / 评分	评分说明 / 得分
工作结果（70%）	关键绩效指标（KPI）	达成率	30%	• 达成率=实际数量/计划完成数量×100% • 实际值比目标值每减少1%,绩效减2分(排除非生产因素)	100%					
		产品合格率	30%	• 产品合格率=产品合格数/产品生产总数×100% • 实际值比目标值每相差1%,绩效减1分	100%					
		MO关单率	10%	• 工单开立至工单关结天数>7天内完成 • 多一单,减2分(排除非生产因素)	>7天 =0笔					
	KPI 总分									

		计划阶段					评估阶段		
	工作目标	权重	评分标准			自评说明	自评分	考核部门评分	越级领导评分
								评分说明 / 评分	评分说明 / 得分
工作目标（GS）	工作周密性	15%	1. 优化产能,生产过程中尽量避免浪费; 2. 用料清单下达后快速响应,及时给出设计/加工方案; 3. 产品质量跟踪监督。						
	服从管理	15%	1. 充分发挥主观能动性,最大化的提高设备利用率; 2. 积极参加技能培训安排,提高工作技术和效率。						
	GS 总分								

考核结果	当期绩效分数			
	主管考核评价:			
被考核人签字				

在实际操作中,应避免 GS 与 KPI 重复,并且应当科学地界定绩效评估标准,最大程度地实现客观、公平、公正。公司在制订 KPI 和 GS 的过程中,应当结合自身情况,优化绩效计划制订流程,从而构建与公司发展状况相适应的绩效评估体系。

3.1.3 权重:按绩效计划划分指标权重

通过前面的讲解,我们已经知道,绩效指标的制订源于公司战略目标中的各项指标,因此,指标权重的制订在绩效考核工作中非常重要。

首先,要明确"权重"这一概念。所谓权重,是指某一指标占整个指标的百分比,通过具体数字来体现该指标在整个指标体系中地位的轻重。

例如,一名员工在一次绩效考核中,自评得分为 95 分,管理人员评分为 75 分,如果自评得分与管理人员评分权重均为 50%,则该员工本次绩效考核的得分为:95×50%+75×50%=85;如果管理人员评分的权重更大一些,为 75%,自评得分的权重小一些,为 25%,则该员工本次绩效考核的得分为:95×25%+75×75%=80;如果自评得分的权重更大一些,为 75%,管理人员评分的权重小一些,为 25%,则该员工本次绩效考核的得分为:95×75%+25×75%=90。由此可以看出,绩效指标权重不同,将直接影响最终绩效考核的得分。

下面我们以某公司对人力资源专员的绩效考核为例,继续分析权重的重要性。该公司为人力资源专员的绩效考核制定了工作业绩、职业素养、工作态度等多个大的绩效指标。其中,工作业绩又分为招聘工作完成率、劳动合同管理、薪酬核算准确率、人事档案归档率四个子指标。

假如四个指标的权重各占 25%,就说明四个子指标对于人力资源专员来说一样重要,每一项指标对于他的工作业绩分数影响都是一样的;假如四个指标权重为 5∶1∶3∶1，就说明最重要的是招聘工作完成率，在进行绩效考核时，该项指标对于工作业绩分数的影响也是最大的，也就说明该公司对人力资源专员工作业绩的要求重点在招聘工作完成率上，其次是薪酬核算准确率。

显而易见，权重体现了公司对于某个具体工作岗位的重点要求，相同的工作岗位，权重不同，员工在日常工作中的侧重点也会有所不同，这就将决定公司能否顺利实现战略目标。

对于一个公司来说，制订权重能够使其抓住实现战略目标的关键因素，合理、有效地分配有限的资源，避免"一刀切"。不同的公司，由于自身情况不同，战略目标也会有所不同，这就需要公司结合实际情况来分配各项指标权重。图 3-3 说明该公司最重视财务，图 3-4 则说明另一家公司更看重运营。通常来说，公司要想做到合理、有效地分配资源，就要主抓一两个目标。在不同的发展阶段，指标权重也应当有所不同，因此，公司制定的指标权重并非一成不变，而是要定期做出调整的。

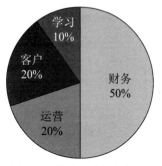
图 3-3　某公司的指标权重

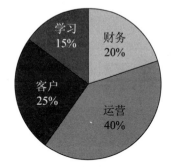
图 3-4　另一家公司的指标权重

科学、合理地制订指标权重可以将不同工作岗位的职责和要求区分开来，使绩效管理工作更加具有指向性，同时能够使员工更明白自己应当做什么，从而使公司更加有效率。

3.1.4　关键绩效指标设定：目标值 + 挑战值

目标值是指公司在正常经营环境中、正常经营管理条件下，员工刚好完成公司对其工作绩效的预期值时，应达到的绩效指标完成标准。目标值的设定，可根据年度经营计划、财务预算以及岗位工作计划，由公司高层提出指导性意见，各级管理人员与员工共同商讨制定，最终依照公司管理权限分别审批、确认。目标值完成的概率应当在85%以上。

设定目标值时，可参考以往同类指标在相同条件下完成的平均水平，并根据公司自身情况加以调整。

挑战值是指管理人员对被考核员工在该项绩效指标上的最高期望值。通常来说，挑战值完成的概率应当在25%～35%。

设定挑战值时，要在目标值设定的基础上，考虑员工实际工作绩效是否容易出现大的波动，对波动性较强的指标，应设定较高的挑战值。

理论上说，无论是目标指标，还是挑战指标，均应通过管理人员和被考核员工来协商确定。指标值要在听取管理人员和被考核员工意见后，依照管理权限审定。指标值通常每年度审计一次。指标一旦经过确定，一般不作调整。如遇不可抗拒因素等特殊情况确需调整，则应当由被考核员工向管理人员提出书面申请，并按规定程序审批。没有通过审批的，仍以原指标值为准。公司设置目标值与挑战值的示例如表3-13所示。

表3-13 目标值与挑战值

目标类别	序号	目标明细	权重	挑战值 A	目标值 B	最低值 C	实际值 X	评分办法	信息来源
I	1	交货准时率	15%	≥100%	≥93.5%	≥90%		1.达到挑战值得15分，达到目标值得12分，低于最低值得0分（C项）； 2.当 B<X ≤ A，得分 = (15-12)×(X-B)/(A-B)+12； 3.当 C<X ≤ B，得分 =12×(X-C)/(B-C)。	市场部
II	2	直接材料成本控制达成率	10%	≤95%	≤100%	≤110%		1.达到挑战值得10分，达到目标值得8分，低于最低值得0分（C项）； 2.当 B<X ≤ A，得分 = (10-8)×(X-B)/(A-B)+8； 3.当 C<X ≤ B，得分 =8×(X-C)/(B-C)。	财务部

续表

目标类别	序号	目标明细	权重	挑战值 A	目标值 B	最低值 C	实际值 X	评分办法	信息来源
II	3	部门协作满意度	10%	≥90分	≥80分	≥70分		1. 达到挑战值得10分，达到目标值得8分，低于最低值得0分（C项）； 2. 当 B<X≤A，得分=（10-8）×（X-B）/（A-B）+8； 3. 当 C<X≤B，得分=8×（X-C）/（B-C）	综合管理部
III	1	生产计划排期达成率	25%	≥95%	≥90%	≥75分		1. 达到挑战值得25分，达到目标值得20分，低于最低值得0分（C项）； 2. 当 B<X≤A，得分=（25-20）×（X-B）/（A-B）+20； 3. 当 C<X≤B，得分=20×（X-C）/（B-C）	统计组
III	2	生产进度分析及时准确率	15%		100%			1. 每周六上午9点前完成本周生产进度分析报表，未及时完成扣1分/次，未作分析或分析不正确的扣1分/项； 2. 每月后5日前完成本月生产进度分析报表，未及时完成扣2分/次，未作分析或分析不正确的扣2分/项	统计组
III	3	生产计划投料误差率	15%	≤±1%	≤±2%	≤±5%		1. 达到挑战值得15分，达到目标值得12分，低于最低值得0分； 2. 当 B<X≤A，得分=（15-12）×（X-B）/（A-B）+12； 3. 当 C<X≤B，得分=12×（X-C）/（B-C）	市场部

续表

目标类别	序号	目标明细	权重	挑战值 A	目标值 B	最低值 C	实际值 X	评分办法	信息来源
III	4	物料申购及时准确率	10%		100%			1. 未按照采购周期制订采购订单的扣1分/次； 2. 未在规定时间内及时申购的扣2分/次； 3. 因申购不及时或数量不足影响生产的扣3分/次； 4. 因申购超量产生呆滞物料的按照《质量管理奖惩制度》等条款进行绩效扣分	物控部
IV	1	合理化建议	扣加分项					按照《员工创新及合理化建议管理办法》进行加分	综合管理部
IV	2	特殊表彰						各类活动表现突出，受到公司表彰的加1分，表现突出者加3分	综合管理部
IV	3	培训考核成绩						考核成绩属前3名加1分/次；成绩<75分者扣1分/次，<60分者扣2分/次	综合管理部
IV	4	内外审不符合项						内审每发现一个不符合项扣1分；外审每发现一个不符合项扣3分	审核组
IV	5	安全事故						发生安全事故的按照《安全管理制度》等条款进行扣分	安全办公室
IV	6	考勤管理						全月无缺勤（包括无请假、无漏打卡）加1分，迟到/早退扣0.5分/次，旷工扣5分/天，事假超出请假天数扣1分/天	综合管理部
IV	7	日常工作核查						在劳动纪律、工艺执行、设备操作、消防安全等方面职能部门检查发现违规或例会点名批评的扣1分/次；公司通报批评扣2分/次，情节严重者加倍扣分	职能部门

续表

目标类别	序号	目标明细	权重	挑战值 A	目标值 B	最低值 C	实际值 X	评分办法	信息来源
指标说明和定义		1. 指标类别说明： Ⅰ类指标：为公司级指标，主要为部门经理级（含工段主任）考核指标； Ⅱ类指标：为部门级指标，该部门员工的通用指标，以部门为单位统计考核； Ⅲ类指标：为班组或岗位指标，该班组或岗位的通用考核指标，以班组或岗位为单位进行统计考核； Ⅳ类指标：为基础管理指标，作为个人考核指标。 2. 交货准时率＝本期准时交货数量／当期客户下发订单中要求的交货数量×100%； 3. 直接材料成本控制达成率＝当期发生的实际材料成本／标准材料成本×100%； 4. 部门协作满意度＝公司部门（工段）间相互评价得分的算术平均值； 5. 生产计划排期准确率＝∑当期各工序按时完工单数／∑当期各工序计划完工单数×100%；（实际完工用时与计划完工用时相差在24小时以内的即为按时完工，因材料、设备、工艺等原因影响的时间超过4小时的予以扣除） 6. 物料申购及时准确率：是指市场部将订单评审传票评审完下发后，一般订单在24小时内申购，紧急订单在4小时内申购； 7. 生产进度分析及时、准确率：是指生产部在生产周报（周一至周五）、生产月报中对生产进度的完成情况从人、机、料、法、环等因素进行分析的客观真实性，分析出影响生产进度的各种不利因素，以便提高各工序生产效率； 8. 生产计划投料误差率＝（实际入库数量＋质量事故损失数量－订单数量）／订单数量×100%； 9. Ⅳ类指标能归属于个人行为的直接对个人进行扣加分，不能归属于个人的对班组内乃至部门内所有人员进行扣加分。							
被考核者签字／日期：　　　　　　　　　　考核者签字／日期： 考核期限：　　年　　月　—　　年　　月									

在设定指标值的过程中，尤其要注意公平地为各职位设定指标，尽量避免同类型职位的指标值在相同情况下参差不齐。对于同样类型的岗位，其指标值的差异可以因自然条件、当地经营环境与公司资源多少产生，而不应由于个人能力与过去绩效水平不同而产生差异。例如，不能由于某员工工作能力强，就给其设定较高的目标值，造成对其的衡量标准高于他人，所得绩效分值低于其应得的水平。这里一定要注意，指标值是和工作目标作比较，而不是与员工自身作比较。

3.1.5 指标评分标准：KPI 和 GS 单项指标计分规则

通常来说，KPI 指标可按照以下的转化规则，根据员工的绩效目标完成情况按照 5 分制计分，如表 3-14 所示。

表 3-14　KPI 指标的计分规则

目　标	说　明	对应分数
挑战值	出色，目标完成情况远超出预期值	5 分
目标值	达成预期值	3 分
否定值	远低于预期值，完全不合格	1 分
实际值	员工绩效实际实现值	相应计算结果

当实际值等于或优于挑战值时，考核结果按 5 分计算；

当实际值等于或劣于否定值时，考核结果按 1 分计算；

当实际值劣于挑战值且优于目标值时，考核结果计算方法为：

$$考核结果 = 3分 + \frac{实际值 - 目标值}{挑战值 - 目标值} \times (5分 - 3分)$$

当实际值劣于目标值且优于否定值时，考核结果计算方法为：

$$考核结果 = 3分 + \frac{实际值 - 目标值}{目标值 - 否定值} \times (5分 - 3分)$$

针对否定指标，指标完成则考核结果按 3 分计算；指标未完成则考核结果按 1 分计算。

GS 指标则一般由管理人员按 5 分制评分，结果折算为百分制。GS 指标评分标准如表 3-15 所示。

表 3-15　GS 指标评分标准

分　数	等 级 含 义
5	在项目或任务完成过程中，由于自己提出的改良工作方法或其他创新手段，使自己或他人明显提高工作效率，或者降低工作成本，并最终明显提前并且明显超标准达成既定的里程碑
4	按照预定工作标准提前达成既定里程碑； 或在预定时间内超过事先预定工作标准达成既定里程碑
3	在预定时间内，按照预定工作标准达成既定里程碑
2	按照预定工作标准，既定里程碑达成延期，但所延期限未对他人工作进展或下一步工作产生影响； 或在预定时间内，里程碑达成情况未完全达到预定工作标准，但及时采取补救措施达到预定工作标准，且未对他人工作进展或下一步工作产生影响
1	达不到 2 分标准

在 KPI 指标和 GS 指标都确定后，可以根据各自权重计算加权得分，得到被考核员工的个人最终得分，如表 3-16 所示。

表 3-16 被考核员工综合得分

		权重	指标类型	目标值			实际完成值	考核结果（1～5分）
				否定值	目标值	挑战值		
KPI 指标	回款额	25%	正向指标	2000	3000	4000	3800	4.6
GS 指标	服务满意度	30%	正向指标	70%	75%	80%	69%	1
	绩效管理服务满意度	25%	正向指标	80%	90%	100%	90%	3
	培训服务满意度	20%	正向指标	70%	80%	90%	92%	5
合计		100%						3.2

根据绩效考核得分，可确定 5 个绩效等级，如表 3-17 所示。

表 3-17 绩效考核等级划分

定级	描述	强制正态分布比例	说明
A	出色：表示比绝大多数员工做得都好	被考核员工总体的 1%～5%	评估阶段的绩效超过大多数的既定绩效要求，并超出大部分同类员工。此级别的员工始终如一地超要求完成工作，是公司的明星员工
B	优秀：表示超过目标，表现突出	被考核员工总体的 10%～12%	评估阶段的绩效超过既定绩效要求，在多个方面超出其他员工，并终如一地按要求完成工作
C	胜任：表示满足了公司对该岗位的要求	被考核员工总体的 70%	评估阶段的绩效可以满足要求，但处于一个平均水平，并未达到优秀。此级别的员工仍然需要提高绩效，或正处在熟悉、学习阶段
D	需要改进：表示有很大改进空间	被考核员工总体的 10%～12%	评估阶段的绩效处于组织的中下层水平。此级别的员工需要制订具体调整计划，在短期内显著提高绩效，以避免失去职位
E	不合格：表示远低于公司预期	被考核员工总体的 3%～5%	评估阶段的绩效远远低于目标期望，并且难以看到可能的改善，缺乏履行职责的能力

3.1.6 绩效评估周期：月度、季度、年度

绩效评估周期，又名绩效评估期限，是指公司每次进行绩效评估的时

间间隔。在设定绩效评估周期的过程中，要兼顾公司的人员配备情况和资源配置情况。绩效评估周期设定过短或者过长，都会使绩效管理效果大打折扣。如果周期设定过短，会造成公司不必要的绩效管理成本的浪费；如果周期设定过长，又会影响绩效评估结果的真实性和公平性，不利于员工提高绩效。

每个岗位的职责不同，公司在设定绩效评估周期时也必须有针对性地加以区分。绩效周期设定示例如表 3-18 所示。

表 3-18 绩效周期的设定

绩效考核周期	适用对象	优 点	可能存在的问题
月度	基层员工与基层管理人员	1. 有助于推进公司激励机制； 2. 有助于使公司及时纠偏	1. 可能加大管理人员和各部门的工作量； 2. 当月度绩效评估与薪酬管理挂钩时，可能会增加公司经济压力； 3. 可能导致员工出现短视行为，忽略自身长期的成长与发展
季度	中、高层管理人员	1. 对于大部分职能部门而言，以季度为绩效评估周期可以避免以月度为周期时工作量过大的问题； 2. 有效、及时地反映出各个岗位和部门在一个季度内的绩效； 3. 中、高层管理人员要对公司总体发展战略和经营计划负责，季度绩效评估结果能够更加科学、合理地反映他们绩效目标的实现情况	1. 对于生产、销售等岗位而言，以季度为评估周期时间略长，难以保证员工的绩效成果能够与市场需求形成良好回应； 2. 不利于掌握被考核员工日常工作效率、工作态度等方面的问题
年度	所有员工	1. 能够客观、公平、全面地反映每一名员工的绩效目标实现情况； 2. 配合月度、季度绩效评估，能够实现对绩效目标从过程到结果的全面掌控	年度绩效评估经常会与每年度最后一个月的月度绩效评估、第四季度的季度绩效评估发生时间重叠，这就有可能导致绩效评估工作内容的重复，影响公司总体绩效管理工作的效率

具体来说，对于销售岗位员工的绩效评估，评估的重点集中在销售完

成率、新客户开发率、回款率等指标,而这类绩效指标通常都可以在月度内实现,因此,对于销售岗位员工的绩效评估周期就要设定为月度和年度。配套的薪酬奖励也必须在绩效评估完成后尽快兑现,这样有助于不断提高员工的积极性。同时,在移动互联网时代,电子商务模式正在被越来越多的公司所采用,而电子商务的销售周期普遍较传统销售模式更长,因此,对于电子商务模式的销售,评估周期也要适当延长。

对于研发岗位员工的绩效评估,可以根据研发项目的具体情况来设定评估周期。如果是大中型项目,评估周期不能很死板地按照月度和季度设定,而要根据项目进程和实际取得的研发成果来设定。这里需要注意的是,除了对每个项目进程进行绩效评估以外,还要在整个项目完成之后进行综合的绩效评估;如果是小型项目,项目周期又不超过一年,就可以按照季度设定评估周期。

对于生产领域岗位员工的绩效评估,由于生产周期通常都是以日或星期计算,同时,绩效评估的重点集中在生产任务、生产安全、质量管理等方面,因此评估周期应当设定为月度,以便及时兑现薪酬奖励。对于某些特殊产品,如汽车、药品等,生产周期可能会较长,这种情况下,就要根据生产批次来适当延长评估周期。

绩效评估周期的设定还要从公司的实际情况出发。如果公司规模较小,组织架构简单,管理人员能够轻松、迅速地了解基层员工的绩效,这样就可以为所有员工设定相同或相近的绩效评估周期;如果公司规模较大,就必须有针对性地设定绩效评估周期,同时,还需要有与之相匹配的绩效管理体系予以支持。

3.2 员工绩效计划制订流程

绩效计划是绩效管理的第一环节,成功的绩效管理从制订合理的绩效计划开始,绩效计划做得是否到位和有效,决定了绩效管理能否成功。那么,如何制订有效的绩效计划呢?一般而言,员工绩效计划制订包括六个流程,如图 3-5 所示。

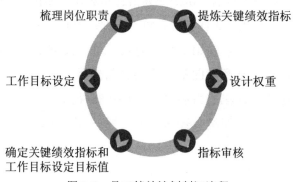

图 3-5　员工绩效计划制订流程

绩效计划来自公司的整体发展战略。评估人和被评估人都应该充分了解公司的战略，了解公司发展的具体目标，并逐层分解到每一个流程中去。

3.2.1　梳理职位职责

很多公司在制定岗位职责时，往往会存在三个方面的问题，岗位职责制定的常见问题如图 3-6 所示。

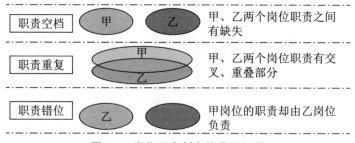

图 3-6　岗位职责制定的常见问题

岗位职责梳理是制订员工绩效计划的一个关键因素。公司进行岗位职责梳理的过程，也是将各岗位需要完成的复杂工作分解成独立的、延续的、可操作的一个个具体单元，从而实现岗位职责明确化、条理化、专业化的过程。

如图 3-7 所示，岗位职责梳理要遵循三个原则。

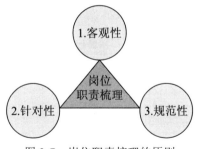

图 3-7 岗位职责梳理的原则

1. 客观性原则

在进行岗位职责梳理时,要将岗位与具体工作需要结合起来,因事定岗。同时,也要考虑到员工自身的客观情况,合理安排工作量。

2. 针对性原则

岗位职责梳理要做到人尽其才。一方面,要使员工从事能够最大程度地发挥自身能力和长处;另一方面,要杜绝人力资源的浪费,任何岗位绝不多用一名员工。这样就能够减轻绩效管理工作的复杂性和强度,进而提升公司的效率和效益。

3. 规范化原则

规范化原则,是指在岗位职责梳理时必须对相同岗位进行统一命名,对岗位职责进行简洁、专业、明确、规范的文字叙述,应避免含糊其词,让不同岗位职责出现相同或相近的描述。

岗位职责梳理的具体流程和内容,如表 3-19 所示。

表 3-19 某公司岗位职责梳理的流程

流　　程	主要工作内容	参与部门/人员
制定方案	1. 成立岗位职责梳理工作小组 2. 确定岗位职责梳理方案	公司高层管理人员人力资源部
开展岗位职责梳理工作	各部门开展岗位职责梳理的具体工作:岗位名称、岗位编制、岗位职责、任职资格等,并与分管领导及岗位梳理工作小组沟通、讨论	岗位职责梳理工作小组的所有部门
审核岗位职责梳理结果	岗位梳理工作小组对各部门提交的岗位职责梳理结果进行审核,最终形成岗位职责梳理报告	岗位职责梳理工作小组所有部门

梳理后的岗位职责如表 3-20 所示。

表 3-20 某公司销售部门的岗位职责

岗位说明书							
基本资料	岗位名称	区域市场经理	所在部门	销售部	岗位等级		岗位职责和权限
	岗位人数	5	直属上司	部长	替代岗位		
	汇报程序及督导范围						职责
	直接管理		个岗位，共		人		1. 负责区域市场团队的日常管理工作，维护区域市场团队工作正常有序运转； 2. 负责区域销售计划和任务的落实与考核； 3. 负责区域市场的开拓和公司营销策略的实施； 4. 负责区域市场业务的资金回笼； 5. 收集相应的市场信息，为公司的营销战略提供可靠资料； 6. 客户反馈的监管和满意度调查； 7. 申请开具增值税发票； 8. 公司交办的其他工作
	间接管理		个岗位，共		人		
岗位能力要求	文化程度专业要求	本科及以上学历，销售、外贸或机械专业					
	专业技能	1. 熟知公司管理基本能力与技能； 2. 熟练掌握问题解决技术； 3. 熟悉整体销售流程，能领导销售团队完成业务； 4. 较强的团队领导能力，学习能力较强，有良好的合作精神						
	通用技能	1. 熟练运用 Office 办公软件； 2. 基本的网络技能 3. 外贸工作应具备熟练英语交流能力						
	培训要求	1. 接受过 ISO9001、ISO14001、OHSAS18001 及 TS16949 培训； 2. 接受过产品标准、检验要求培训； 3. 接受过商务礼仪、合同法律、销售法规、ICC 培训； 4. 接受过防错知识培训； 5. 内部 HSE 培训						
								权限
	经验要求	1. 2 年以上机械加工、机械制造行业内从事外贸或销售工作经验； 2. 1 年以上销售管理经验						1. 参与公司年度经营计划制定和区域市场计划的建议权； 2. 销售部管理体系、业绩考核标准制定的建议权； 3. 对直接下级人员调配、奖惩的建议权和考核评价权； 4. 为纠正外贸、销售中出现的问题，有权停止进程的权力； 5. 对所属下级的工作的监督、检查权； 6. 对所属下级的工作争议有裁决权； 7. 权限内的财务审批权
	其他要求	1. 通晓市场管理，善于沟通及培训； 2. 较强的领导能力、判断与决策能力、沟通能力、影响力、计划与执行能力						
								岗位目标
								保证管辖范围内的工作正常运行，完成年度销售计划
配备设备及办公环境	计算机、电话、打印机、网络、办公室						
编制／日期：			审核：			批准：	

续表

岗位说明书							
基本资料	岗位名称	部长（内销）	所在部门	销售部	岗位等级		岗位职责和权限
	岗位人数	1	直属上司	销售副总	替代岗位		
	汇报程序及督导范围						职责
	直接管理		个岗位，共		人		1. 负责销售部国内市场的日常管理工作，维护内销工作正常有序运转； 2. 负责内销计划和任务的落实与考核； 3. 负责国内市场的开拓和公司营销策略的实施； 4. 负责制定和实施国内办事处和代理的考核办法； 5. 全面负责国内业务的资金回笼； 6. 汇总和甄别市场信息，及时汇报公司； 7. 内陆运费的监管； 8. 公司交办的其他工作
	间接管理		个岗位，共		人		
岗位能力要求	文化程度专业要求	大专以上学历，机械制造及相关专业					
	专业技能	1. 熟知公司管理基本能力与技能； 2. 熟练掌握问题解决技术； 3. 熟悉整体销售流程，能领导内贸团队完成业务； 4. 较强的团队领导能力，学习能力较强，有良好的合作精神					
	通用技能	熟练运用 Office 办公软件；					
		基本的网络技能					
	培训要求	1. 接受过 ISO9001、ISO14001、OHSAS18001 及 TS16949 培训； 2. 接受过产品标准、检验要求培训； 3. 接受过商务礼仪、合同法律、销售法规、ICC 培训； 4. 接受过防错知识培训； 5. 内部 HSE 培训					
								权限
	经验要求	1. 3 年以上机械加工、机械制造行业内从事销售工作经验； 2. 2 年以上销售管理经验						1. 参与公司年度经营计划制订的建议权； 2. 销售部管理体系、业绩考核标准制定的建议权； 3. 对直接下级人员调配、奖惩的建议权和任免的提名权，考核评价权； 4. 为纠正销售中出现的问题，有停止进程的权力； 5. 对所属下级工作的监督、检查权； 6. 对所属下级的工作争议有裁决权； 7. 权限内的财务审批权
	其他要求	1. 通晓市场管理，善于沟通及培训； 2. 较强的领导能力、判断与决策能力、沟通能力、影响力、计划与执行能力						
								岗位目标
								保证销售部工作正常运行、完成公司的经营计划
配备设备及办公环境	计算机、电话、打印机、网络、办公室						
编制/日期：			审核：				批准：

续表

基本资料	岗位说明书						
	岗位名称	业务员	所在部门	销售部	岗位等级	8	岗位职责和权限
	岗位人数	12	直属上司	区域市场经理	替代岗位		
	汇报程序及督导范围						职责
	直接管理		个岗位,共		人		1. 负责相应市场的销售及货款回笼工作;
	间接管理		个岗位,共		人		2. 完成公司分配的销售任务;
岗位能力要求	文化程度专业要求	本科及以上学历,销售、外贸或机械专业					3. 具体实施公司的营销策略,开拓相应的市场;
	专业技能	1. 熟知公司管理基本能力与技能; 2. 熟练掌握问题解决技术; 3. 熟悉整体销售流程; 4. 较强的团队领导能力,学习能力较强,有良好的合作精神					4. 收集相应的市场信息,为公司的营销战略提供可靠资料; 5. 客户满意度调查; 6. 申请开具增值税发票; 7. 公司交办的其他工作
	通用技能	1. 熟练运用 Office 办公软件; 2. 基本的网络技能; 3. 外贸业务员应具备熟练的英语交流能力					
	培训要求	1. 接受过 ISO9001、ISO14001、OHSAS18001 及 TS16949 培训; 2. 接受过产品标准、检验要求培训; 3. 接受过商务礼仪、合同法律、销售法规、ICC 培训; 4. 接受过防错知识培训; 5. 内部 HSE 培训					
							权限
	经验要求	1. 1年以上机械加工、机械制造行业内从事销售工作经验; 2. 1年以上销售管理经验					1. 参与部门销售计划制订的建议权; 2. 具体顾客业务的决定权
	其他要求	1. 通晓市场管理,善于沟通及培训; 2. 较强的判断与决策能力、沟通能力、影响力、计划与执行能力					
							岗位目标
	配备设备及办公环境	计算机、电话、打印机、网络、办公室					保证自己管辖范围内的工作正常运行,完成销售任务
编制 / 日期:				审核:		批准:	

续表

<table>
<tr><th colspan="6">岗位说明书</th></tr>
<tr><td rowspan="4">基本资料</td><td>岗位名称</td><td>单证员</td><td>所在部门</td><td>销售部</td><td>岗位等级</td><td rowspan="2">岗位职责和权限</td></tr>
<tr><td>岗位人数</td><td>3</td><td>直属上司</td><td>部长</td><td>替代岗位</td></tr>
<tr><td colspan="5">汇报程序及督导范围</td><td>职责</td></tr>
<tr><td>直接管理</td><td colspan="2">个岗位，共</td><td colspan="2">人</td><td rowspan="3">1. 联系货代，及时发货；
2. 缮制报关单据和结关单据；
3. 银行交单；
4. 退单的催讨和退税单据制作；
5. 报关单据和结关单据的归档；
6. 公司交办的其他工作</td></tr>
<tr><td rowspan="7">岗位能力要求</td><td>间接管理</td><td colspan="2">个岗位，共</td><td colspan="2">人</td></tr>
<tr><td>文化程度专业要求</td><td colspan="4">大专及以上学历，销售、外贸或机械专业</td></tr>
<tr><td>专业技能</td><td colspan="4">1. 熟知公司管理基本能力与技能；
2. 熟练掌握问题解决技术；
3. 熟悉整体外贸流程业务；
4. 较强的学习能力，良好的合作精神</td><td></td></tr>
<tr><td>通用技能</td><td colspan="5">1. 熟练运用 Office 办公软件；
2. 基本的网络技能；
3. 熟练的英语交流能力</td></tr>
<tr><td>培训要求</td><td colspan="5">1. 接受过 ISO9001、ISO14001、OHSAS18001 及 TS16949 培训；
2. 接受过产品标准、检验要求培训；
3. 接受过商务礼仪、合同法律、销售法规、ICC 培训；
4. 接受过防错知识培训；
5. 内部 HSE 培训</td></tr>
<tr><td colspan="5"></td><td>权限</td></tr>
<tr><td>经验要求</td><td colspan="4">1 年以上机械加工、机械制造行业内从事外贸单证工作经验</td><td>1. 对岗位工作的要求有权做出判断、标识；
2. 有权停止不符法律法规的操作</td></tr>
<tr><td colspan="2" rowspan="2">其他要求</td><td colspan="4" rowspan="2">1. 通晓市场管理，善于沟通及培训；
2. 较强的判断、沟通能力，计划与执行能力</td><td></td></tr>
<tr><td>岗位目标</td></tr>
<tr><td colspan="2">配备设备及办公环境</td><td colspan="4">计算机、电话、打印机、网络，办公室</td><td>保证自己管辖范围内的工作正常运行，差错率为 0</td></tr>
<tr><td colspan="4">编制 / 日期：</td><td colspan="2">审核：</td><td>批准：</td></tr>
</table>

续表

岗位说明书							
基本资料	岗位名称	内勤员（财务）	所在部门	销售部	岗位等级		岗位职责和权限
	岗位人数	1	直属上司	部长	替代岗位		
	汇报程序及督导范围						职责
	直接管理		个岗位，共		人		1. 和财务部的全部接口工作；
	间接管理		个岗位，共		人		2. 销售台账和货款回笼登记；
岗位能力要求	文化程度专业要求	大专及以上学历						3. 销售数据的统计和报表； 4. 核销单发放、登记和回收； 5. 退税单据的收集、整理，送交财务； 6. 合同号的发放、收集、整理和归档； 7. 每周和财务核对出货数量及金额； 8. 开具增值税发票的审核和登记； 9. 销售部所有费用报账前的登记工作； 10. 公司交办的其他工作
	专业技能	熟知各项财务法律要求与规范						
	通用技能	1. 熟练运用 Office 办公软件； 2. 基本的网络技能						
	培训要求	1. 接受过财务培训； 2. 内部 HSE 培训						
								权限
	经验要求	1 年以上工作经验						1. 有权对不符合要求的单据退回、不做处理或要求改正； 2. 负有数据保密责任
	其他要求	善于沟通及培训；						
		较强的判断、沟通能力，计划与执行能力。						
								岗位目标
								保证自己管辖范围内的工作正常运行，差错率为 0
配备设备及办公环境	计算机、电话、打印机、网络、办公室						
编制 / 日期：				审核：			批准：

续表

<table>
<tr><th colspan="7">岗位说明书</th></tr>
<tr><td rowspan="4">基本资料</td><td>岗位名称</td><td>内勤员（跟单）</td><td>所在部门</td><td>销售部</td><td>岗位等级</td><td>/</td><td rowspan="2">岗位职责和权限</td></tr>
<tr><td>岗位人数</td><td>1</td><td>直属上司</td><td>部长</td><td>替代岗位</td><td>/</td></tr>
<tr><td colspan="5">汇报程序及督导范围</td><td>职责</td></tr>
<tr><td>直接管理</td><td colspan="2">个岗位，共</td><td colspan="2">人</td><td rowspan="2">1. 和生产/技术/质保/供应的全部接口工作；
2. 订单的送审，图纸、特性表、钢印表的催讨、整理、归档；
3. 下达生产指令；
4. 全面掌握订单的生产进度，及时通知发货；
5. 检验资料和证书的催讨；
6. 统计订单，制订每 10 天的销售计划；
7. 统计订单，制订每 30 天的销售预计划；
8. 公司交办的其他工作</td></tr>
<tr><td>岗位能力要求</td><td>间接管理</td><td colspan="2">个岗位，共</td><td colspan="2">人</td></tr>
<tr><td rowspan="6">岗位能力要求</td><td>文化程度专业要求</td><td colspan="5">大专及以上学历</td><td></td></tr>
<tr><td>专业技能</td><td colspan="5"></td><td></td></tr>
<tr><td>通用技能</td><td colspan="5">1. 熟练运用 Office 办公软件；
2. 基本的网络技能</td><td></td></tr>
<tr><td>培训要求</td><td colspan="5">1. 接受过 ISO9001、ISO14001、OHSAS18001 及 TS16949 培训；
2. 接受过产品标准、检验要求培训；
3. 接受过防错知识培训；
4. 内部 HSE 培训</td><td></td></tr>
<tr><td colspan="6"></td><td>权限</td></tr>
<tr><td>经验要求</td><td colspan="5">1 年以上工作经验、熟悉产品。</td><td>1. 有权查看、调用与销售统计有关的数据；
2. 根据规定要求，有权要求仓库提供正确的产品入库信息</td></tr>
<tr><td rowspan="3"></td><td rowspan="2">其他要求</td><td colspan="5">较强的判断、沟通能力、计划与执行能力。</td><td>岗位目标</td></tr>
<tr><td colspan="5"></td><td>保证自己管辖范围内的工作正常运行，差错率为 0</td></tr>
<tr><td>配备设备及办公环境</td><td colspan="5">计算机、电话、打印机、网络，办公室</td><td></td></tr>
<tr><td colspan="3">编制/日期：</td><td colspan="2">审核：</td><td colspan="2">批准：</td></tr>
</table>

续表

岗位说明书							
基本资料	岗位名称	内勤员（物流）	所在部门	销售部	岗位等级	/	岗位职责和权限
	岗位人数	1	直属上司	部长	替代岗位		
	汇报程序及督导范围						职责
	直接管理		个岗位，共		人		1. 内销的发货工作；
	间接管理		个岗位，共		人		2. 销售的非集装箱发货工作；
岗位能力要求	文化程度专业要求	大专及以上学历					3. 开具出货单，催讨送货回单； 4. 运费的定价，报备； 5. 公司交办的其他工作
	专业技能						
	通用技能	熟练运用 Office 办公软件；					
		基本的网络技能					
	培训要求	1. 接受过 ISO9001、ISO14001、OHSAS18001 以及 TS16949 培训； 2. 接受过产品标准、检验要求培训； 3. 接受过防错知识培训； 4. 内部 HSE 培训。					
							权限
	经验要求	1 年以上工作经验、熟悉产品					1. 有权核对、检查各项质量信息； 2. 有权拒绝处理不正确的质量信息
	其他要求	较强的执行能力					
							岗位目标
							1. 保证自己管辖范围内的工作正常运行，差错率为 0； 2. 控制超额运费在 50000 元内
配备设备及办公环境	计算机、电话、打印机、网络、办公室						

3.2.2 提炼关键绩效指标

关键绩效指标（Key Performance Indicator，KPI）是把公司的整体战略目标分解为可具体操作的工作目标的工具，可用来进行公司绩效管理。KPI 可以使部门主管明确部门的主要责任，并以此为基础，衡量部门人员的绩效。建立明确的、切实可行的 KPI 体系，是做好绩效管理的关键。

提炼关键绩效指标要遵循 SMART 原则。SMART 是 5 个英文单词首字母的缩写：

"S"代表具体（Specific），指绩效考核要清晰明了地切中特定的工作指标，适度细化，随环境变化而变化；

"M"代表可度量（Measurable），指绩效指标最终是可量化的，因此，可以获得验证这些绩效指标的数据或者信息；

"A"代表可实现（Attainable），指绩效指标在付出努力的情况下可以实现，目标不要设立得过高或过低；

"R"代表现实性（Realistic），指绩效指标要可以被证明和观察；

"T"代表有时限（Timebound），指要在有效的期限内完成绩效指标，注重产出效率。

提炼关键绩效指标要在SMART原则的基础上分步骤进行。

1.确定公司的关键结果领域（KRA）

KRA是指实现公司整体目标所不可或缺的、必须取得满意结果的业务，对公司的发展和目标的实现起着至关重要的作用。公司的KRA包括品牌建设、销售力、研发水平、制造水平、售后水平、财务、人员及公司文化等方面，在这些层面的基础上，通过头脑风暴的方式，用鱼骨图梳理出公司的业务重点或业务流程，找准关键业务领域，就能找到公司层面的KPI指标。公司KPA鱼骨图示例如图3-8所示。

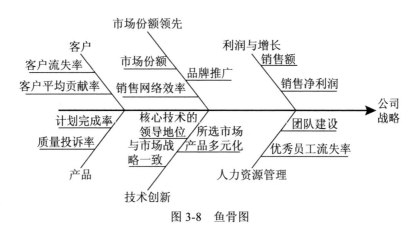

图3-8　鱼骨图

2.明确各部门职责及业务流程

各部门职责及业务流程清晰后，就可以着手将公司的KRA和KPI分解到各个部门。采用自上而下的方法分解公司KPI，当部门目标完成时，公司目标也就完成了。分解时采用逐一突破的方法,确定为完成公司的每一个KRA和KPI,每一个部门应完成哪些KRA和KPI,确定相关的要素目标,分析绩效驱动因数(技术、组织、人),确定实现目标的工作流程,分解出各部门级的KPI,以便确定评价指标体系。

3. 确定指标体系

各部门主管和部门绩效管理人员一起,根据公司的业务计划、流程、部门职责、岗位职责要求,进一步分解为更为细化的KPI及各职位的绩效衡量指标,为被评估者提炼可衡量的、具有代表性的关键绩效指标。这些指标是员工考核的依据,因此提炼关键绩效指标需由各级经理根据直接下级的关键职责,结合本部门与下级的关键工作职责,跟下属沟通确定,数目不宜过多,实践表明关键绩效指标的数量控制在4～8个比较合适。

4. 审核评价指标体系

指标体系确立之后,还需要设定评价标准并进行审核,建立评价指标体系与指标库。指标解决的是从哪些方面衡量工作的问题,而标准解决的是在各个指标上分别应该达到什么样的水平,"被评价者怎样做,做多少"的问题。

最终将各个部门的指标汇总起来,按照指标数量简单、适量的原则,进行指标筛选,建立指标库,作为部门考核指标。从上到下,依次建立各级的指标体系,不可一概而论。

3.2.3 设定工作目标

工作目标设定是对被考核人员工作范围内的一些相对长期性,难以量化的关键任务的考核方法,因为公司内部不同职位的工作性质有很大的差异性,而且并非所有职位都可以通过可量化的关键绩效指标进行衡量考核,比如某些职能部门。

可以将这些难以量化的关键工作通过工作目标设定进行评估,从而实现对关键绩效指标的补充和完善。既然是作为关键绩效指标的补充,那么工作目标就不能和关键绩效指标重复,而且相对而言,关键绩效指标考核的客观性更强,对绩效的衡量也更加精确,能用关键绩效指标衡量的工作领域应首先使用关键绩效指标,着实无法科学量化的,再通过工作目标设定来完成绩效评估。

工作目标要由主管领导与员工在制订绩效计划时共同商议确定，内容包括员工在考核期内应完成的主要工作及效果，考核期结束由主管领导根据所设定的目标打分考核。

设定工作目标时需要注意要与提炼关键绩效指标遵循同样的原则，即SMART原则，要侧重不易衡量、长期性、对公司价值有贡献的关键工作领域，工作目标设定不宜过多，一般控制在3～5个即可。

以新员工为例，工作目标设定如表3-21所示。

表3-21 某公司新员工工作目标计划表

姓名		工号			入职时间	
所属部门		职务			培训时间	
工作目标设定							
项目	工作目标	工作性质		制定人	制定时间	预定完成时间
		主要	次要			
1						
2						
3						
工作目标执行者：							
直属主管：				部门主管：		

注：部门主管和直属主管必须为各部门每一位新员工制定试用期工作目标，作为试用转正考核依据。

3.2.4 设计权重

权重是绩效指标体系的重要组成部分，通过对每个被评估者的职位性质、工作特点及对影响业务的因素的分析，确定关键绩效指标、工作目标设定及各项指标在整个指标体系中的重要程度，设计相应的权重。

设计权重有三种办法：第一，介于关键绩效指标和工作目标设定两者之间的权重。一般情况下，高层管理人员的绩效计划只需要关键绩效指标，但相应的管理部门，如总经理办公室等，需要进行工作目标设定。由于各部门的职责不同，权重分配要根据具体情况设计。

第二，关键绩效指标下的权重分配。对一些通用类指标，如客户满意度、员工流失率等，各部门的权重应当保持一致，每一项权重一般不要小于5%，以 5% 的线性增减体现各指标权重的轻重缓急。

第三，工作目标设定的权重分配。由于工作目标设定是不同于关键绩效指标的评估方法，各项目标的权重之和为 100%，一般只有 3～5 项。

下面列举中层管理人员绩效权重分布、某公司总部职能人员绩效权重分布、某公司技术人员绩效权重分布示例分别如表 3-22、表 3-23、表 3-24 所示。

表 3-22　中层管理人员绩效权重分布表

绩效考核维度		绩效考核主体	季度绩效考核权重	年度绩效考核权重
绩效	任务绩效	直接上级	60%	50%
	周边绩效	直接上级	10%	10%
		相关部门	10%	15%
	管理绩效	直接上级	10%	10%
能力	能力水平	直接上级	5%	5%
		直接上级	5%	10%

表 3-23　某公司总部职能人员绩效权重分布表

绩效考核维度	绩效考核主体	季度绩效考核权重	年度绩效考核权重
任务绩效	直接上级	80%	70%
能力	直接上级	10%	15%
态度	直接上级	10%	15%

表 3-24　某公司技术人员绩效权重分布表

绩效考核维度	绩效考核主体	季度绩效考核权重	年度绩效考核权重
任务绩效	直接上级	80%	70%
能力	直接上级	5%	10%
	同级员工	5%	10%
态度	直接上级	10%	10%

3.2.5　确定关键绩效指标和工作目标值

绩效计划中的指标值是用来衡量被评估者的工作是否达到公司期望值的参考标准，是保证绩效管理体系公平客观性的关键环节，针对绩效计划中所考核的每一项设立绩效评估指标，由评估者和被评估者双方沟通确定，包括目标指标和挑战指标，以及工作目标完成效果的衡量标准。指标值的设定直接关系到公司的整体经营目标，涉及公司预算等相关管理程序，因此需要正式测算。

关键绩效指标值的设定包括目标值和挑战值。

目标值是指在完成公司对该职位的某项工作的期望的基础上，该职位应达到的绩效指标完成标准。确定目标值首先要确定类似指标在相同市场环境中的平均完成水平，根据现有的经营情况进行调整，其次参照行业水平、技术指标等，对上级所设定的目标值进行分解，保证下级部门能达成指标，最后根据公司战略发展的侧重点确定目标值。通常情况下达到目标值的可能性为80%。

挑战值是评估者对被评估者在该项指标的完成效果上的最高期望值。设定挑战值时，考虑实际工作绩效能否很容易在基本目标的基础上，出现较大的上下波动，对波动性较强的指标设定较高的挑战值。通常情况下完成挑战值的可能性为30%左右。

确定指标值时，应尽量避免同样类型职位的指标值在相同情况下高低不同，产生指标值差异的原因可以是自然条件、经营环境和公司资源，不能由于个人能力与绩效水平的不同而采用差异化设定。

3.2.6 审核指标

绩效计划中的指标审核，是检查指标设计得是否合理，是否具有一致性的重要手段。主要从横向和纵向两个方面进行。

纵向上，根据公司战略及业务计划、职位工作职责描述，检查各上级的考核指标是否在下属中得到了合理的承担或进一步的分解，能否保证公司整体发展战略目标和业务计划的实现。

横向上，指标审核可以从五个方面进行。

（1）工作产出是否为最终产出。对指标审核就是对成果进行评估，在最终结果可以界定和衡量的情况下，尽量不去追究过程中较多的细节。

（2）对同一个绩效指标进行评估，结果是否能取得一致。指标审核的重点是检查相同部门、职位的关键绩效指标是否与权重的分配等标准一致。

（3）所有指标能否解释被评估者80%以上的工作目标。在指标审核时，需要考虑被评估者的主要工作目标，所选的绩效指标是否与工作目标设定的选择达成一致。

（4）指标审核具有可操作性。必须有一整套可以实施跟踪和监控指标的操作方法。

（5）留下超越标准的空间。指标审核的标准应该设置在大多数被评估者通过努力就可以达到的水平之内。

3.2.7 案例：呼叫中心的员工绩效计划

绩效计划目标：呼叫中心通过为员工制订绩效计划来进行绩效考核，使员工明确工作目标，提升自身能力，与部门目标保持一致，规范员工日常行为，提升员工的工作能力，发挥激励作用。

绩效计划对象：呼叫中心基层正式员工。

绩效计划周期：以月为单位进行。

考核项目：（1）电话回访：回访完成率、回访真实度、不满意投诉率；（2）咨询电话：专业技能、接听质量、投诉解决回复率、顾客满意度；（3）其他类投诉。

下面列举呼叫中心员工绩效考核内容、考核主体所占权重以及呼叫中心考核实效施标准。内容示例分表如表3-25、表3-26、表3-27所示。

表3-25 呼叫中心员工绩效考核内容

项目	权重	考核标准									得分
		比率	扣分	比率	扣分	比率	扣分	比率	扣分	比率	扣分	
专业技能接听质量	40	每次抽查不合格扣2分，扣完为止									
客户投诉解决率	30	0%	0	0～0.4%	2	0.4～1%	4					
回访完成率	10	100%	0	95%以下	1	95%～80%	2					
回访真实度	10	0%	0	1	1	2	2					
客户满意度	10	100%	0	95%以下	1	95%～80%	2					
总计	100											

表3-26 考核主体所占权重

考核者	权重	考核重点
被考核人本人	15%	工作任务完成情况
直属上司	60%	绩效与能力
小组考核	25%	工作合作性、服务性

表 3-27　呼叫中心考核实施标准

项　　目	数 据 来 源	检 查 途 径	标　　准
专业技能接听质量	电话抽查	公司抽查、其他途径	公司规定
客户投诉解决率	公司抽查	客户投诉、公司抽查	100%解决并回复
回访完成率	公司抽查	公司抽查	公司规定
回访真实度	公司抽查	客户投诉、公司抽查	100%回访到位
客户满意度	公司抽查	客户投诉、公司抽查	公司规定
相关说明			
编制人员	审核人员	批准人员	
编制日期	审核日期	批准日期	

考核结果处理。

（1）连续三个月考核排名均在前三名，分别奖励 500 元、300 元、100 元，名次并列时同时奖励。

（2）月考核评比排名后三名者，由呼叫中心分部经理仔细分析原因并找到解决办法，在月工作计划上交的三天内提交整改方案。

（3）总部视情况对分部经理及主管提交的改进意见书进行反馈，并对绩效问题作出处罚。

第二模块 绩效辅导

第4章
绩效辅导流程：
准备+沟通+
追踪

绩效辅导是指公司管理人员为了帮助员工完成、提高绩效，通过面谈等形式，给予员工的帮助行为。绩效辅导的形式主要包括分配任务、答疑、培训、鞭策、监督、鼓励、纠错等。绩效辅导是介于绩效计划与绩效评估之间的一个重要环节。

绩效辅导对管理人员与员工都具有重要作用，它不但能够使管理人员全面、客观地了解下属员工的工作情况、工作能力，还能够使员工了解自己的绩效，进而提高绩效、提高工作能力。可以说，绩效辅导关乎绩效考核的成败，是公司推进绩效管理工作的重要保障。

4.1　绩效辅导准备

"磨刀不误砍柴工"，绩效辅导过程中最重要的是沟通，管理人员在与员工进行绩效辅导沟通之前，首先要做好准备工作。下面，我们结合具体案例来分析绩效辅导需要进行的准备工作。

对话双方：陈力是一家生产型公司的人力资源专员，主抓员工培训；张元是该公司的人力资源部经理。

张元："小陈，上我办公室来一趟，找你有急事。"

陈力："张总，有什么急事啊？正要和您说，我现在手里有个急活，刚才李总监安排我把这个月的培训计划调整一下，我现在正和研发部的张总协调这事。"

张元："张总那头你先别管了，一个培训计划，也不是什么大事，等等再说。公司这个月的绩效评估快结束了，这事是咱们部门安排，首先要自己弄完才能去要求别的部门，对吧？"

陈力："我这个月咋样您不都知道嘛，没事，别让大伙吃亏就行。"

张元："你咋样我当然知道，但这程序也得走啊！现在就开始，你简单说一下自己这个月的工作情况。"

陈力："张总，我前天就把这个月的工作总结交给您了啊。"

张元："哎哟我忘了，我找找啊。哦，这不行啊，写得太简单了，你还是再说一下吧。"

陈力："好吧。"（但陈力对自己的工作总结也并不熟知，需要看着总结报告才能说出来。）"这个月我基本上完成了预期的工作目标，具体情况我在报告上写了，您看看吧。不足之处就是自己业务能力还需要加强。下个月我准备继续努力工作。张总，反正我咋样您也都知道，我就不多说了吧。"

张元："小陈，那我就给你挑挑毛病。比方说，这个月开主管会议的时候，研发部的张总说没收到培训计划，没能提前安排好部门工作，导致他们的研发工作受了很大影响，这是你造成的吧？"

陈力："张总，那事我不都跟您解释过了，确实是我一忙给忘了，您肯定会理解，对吧？我保证，下不为例！"

张元："反正你得注意了。我还听说，你每次组织培训，都在那儿照本宣科，念完培训材料，说几句套话就得了，你这根本就是在敷衍了事。就你这种表现，绩效分就得扣了。"

陈某："张总，您是领导您说了算，我也不多说了。"

张元："小陈，你这是什么态度，你的工作我总体当然是满意的，月度绩效评估就是走个形式，下次你注意点就行了。"

陈力："张总，您再指点一下，你们做领导的不发话，我也不好自己拿主意啊。"

张元："今天就到这儿吧，我现在还要出去办点急事。反正就是走个过场，我肯定会一视同仁的。不过，你这个月绩效奖金肯定是要扣了。"

陈力心里想："张总也太不讲情面了，我这一天天忙得要死，他还在那变着法儿的琢磨扣我钱。"

这个案例展示的情形，大家会不会感到"心有戚戚焉"？许多公司的管理人员在与员工进行绩效辅导沟通的时候可能或多或少都出现了案例中的问题。绩效辅导沟通的初衷是为了提高员工的绩效，但是，类似案例中的绩效辅导沟通只会适得其反，不但帮不到员工，还会引起员工的反感，员工对管理人员不满，管理人员也会感到尴尬和无奈。

那么，结合这个案例，我们要分析，绩效辅导准备工作出现了什么问题？我们可以把问题归结为以下三个方面。

第一，没有正式通知员工要进行绩效辅导沟通。我们回到这个案例，张元告诉陈力要进行绩效辅导沟通的原因时说，绩效评估快到日子了，再不做就晚了。这样给员工讲，员工自然会觉得非常不正式，会觉得管理人员找自己沟通不过是在应付差事，而不会认为沟通是为了帮助自己提高绩效，内心就会抗拒，这就无形中给员工造成了心理负担。

第二，绩效辅导的方式、时间、地点选择有误。陈力正为了临时安排的工作焦头烂额，张元的电话就打过来了，他见到张元之后才知道，原来是要就绩效问题进行沟通。事起仓促，陈力全无准备，但是张元只考虑到了自己，非要在办公室立刻沟通，这就是事先没有计划的表现。双方都没有准备好，绩效辅导沟通失败就在所难免。

第三，没有针对绩效评估过程中发现的问题制定应对策略。在整个绩效辅导沟通过程中，张元在绩效辅导沟通技巧方面显出了不足，对陈力的工作情况都是泛泛而谈，没有深入分析在陈力绩效评估中发现的问题，也没有怎么谈陈力工作中好的一面，只是在打官腔，苛责陈力工作中的不足。这样的绩效辅导沟通，不仅不能让员工去反思自己工作中的不足，而且还会造成双方的对立，最终结果只能是不欢而散。

那么，要想成功做好绩效辅导沟通，管理人员要做好哪些准备工作呢？

要制定好绩效辅导沟通的流程。整个绩效辅导沟通流程基本上可以分为四步：开场白、揭示主题、正式讨论、收尾。

开场白是为了给员工一个心理准备时间，消除员工的紧张情绪，为后面的绩效沟通做好准备。开场白之后就要揭示主题，告知员工绩效辅导沟通的目的。

下面还以这个案例来说明。"陈力，根据我的计划，明天下午两点到三点半，我想请你来我办公室，咱俩就你这个月的绩效评估问题进行一次绩效辅导沟通。希望沟通之后，你能提高绩效。你心里怎么想的，有什么意见和建议都可以提出来，我们来讨论。当然，不光会说你工作中存在的问题，好的方面我们也会讨论，最后我们还要一起给你制订绩效提高方案。"倘若张元这样说，与陈力的沟通效果就会好很多。

在正式讨论环节，管理人员与员工要确定绩效指标的内容与界定标准，共同讨论各个指标的完成情况，分析指标未完成或完成不好的原因，提出针对性改善方案，确认后期跟进方式。

最后是收尾阶段。在这个阶段，管理人员应当简要总结双方在绩效辅导沟通过程中达成的一致意见，给员工树立信心，将沟通结果记录下来，还要让员工签字确认。同时，要感谢员工的积极配合。

确定了绩效辅导沟通的流程以后，管理人员要充分考虑参与沟通的员工的思维方式、性格特征等，对绩效辅导沟通过程中可能发生的突发情况，想好应对方法。事先有了充足的心理准备，沟通效果将更加有保障。

之前的两点做好了，管理人员就要准备相关材料，主要包括员工上一期绩效评估报表、员工的绩效完成记录、与管理人员和相关人员的沟通记录、员工的自我评价、员工的工作日志等。在绩效辅导沟通之前，各种材料必须都已经准备好，并且了然于心。像案例中张元那样，陈力提醒之后才想起工作总结已经交了，还要当面翻找，不仅耽误时间，还会让员工对管理人员的工作态度产生质疑，不利于有效沟通。

4.2 绩效辅导沟通

经过上一节的阐述，我们明白了管理人员与员工进行绩效辅导沟通需要科学的流程和充足的准备。那么，经过梳理后的沟通会是什么效果呢？我们继续看陈某的案例，看一看双方在做了充足准备之后进行绩效辅导沟通的情形。

根据公司的安排，张元再次约陈力进行绩效辅导沟通，两个人吸取了上次沟通失败的经验教训，这次都做了充分准备。张元起草了沟通方案，仔细审阅了陈某的工作日志、培训会议记录、绩效评估报告等材料，并通知陈力整理好当月的工作总结，这才联系陈力进行绩效辅导沟通。

张元在电话中与陈力约定了绩效辅导沟通的时间和需要的材料，第二天下午一点陈力准时来到张元办公室。

张元："陈力，你这个月的工作总结和工作日志我都认真看过了。绩效辅导不是你一个人的事，希望通过这次绩效辅导交流，能对你这个月的工作有个全面、客观的评价。当然，沟通的主要目的是发现问题、解决问题，让你将来更好地工作。希望通过这次沟通，能够帮助你提高绩效，这也是公司实施绩效考核的意义所在。我说的你有没有异议？"

陈力："我明白。正好我对这个月和将来的工作有些想法。"

张元："那好，我们现在开始，你先说一下你这个月的工作情况。"

陈力："张总，那我现在就先说一下这个月的工作……"

张元："陈力，你在这个月制订的培训计划、培训实施方案，以及培训总结都做得挺好。培训计划制订得很详细，出席情况非常好，培训总结工作做得非常细致，我特别满意，这些都是值得肯定的。希望你在将来的工作中再接再厉，继续做好这些工作。

"我还有两个问题想和你沟通一下。一个是培训的组织安排，最近你安排得不是特别好，像研发部的张总就在主管会议上反映你这个月没及时把培训计划文件发给他，耽误了他们部门工作。还有，有些同事反映你组织的培训，有时候只是照本宣科，念完培训材料，说几句套话就完事了。关于这两个问题，我想听听你怎么说。"

陈力："张总，您刚才说的那两个问题确实有，但我也有自己的苦衷。比如说培训的组织安排，最近公司临时交给我一点紧急任务，我分身乏术，就忘了发放培训计划文件，我也经常提醒别的部门主管来拿文件，但他们也记不住啊。"

张元："小陈，既然你也明白这一点，那你有没有什么解决思路？"

陈力："我想，是不是再开一次主管会议，说一下培训的重要性，让主管们明白培训是他们工作内容的重要部分。不能因为其他的工作对培训置之不理。而且我觉得和他们私下多沟通这个问题，效果会更好。"

张元："嗯，你说得对。我也这么认为，我觉得你如果能和各个主管多沟通关于培训的事，让他们认识到培训的重要性，培训工作就更好开展了。那就这样，今天沟通之后，我去和各位部门主管提前报备一下，然后你要尽可能和他们多沟通，好吗？"

陈力："谢谢张总，从下个月开始，我就抓这项工作。对了，刚才您还提到了我在一些培训会议上死气沉沉，这个问题我也想和您解释一下。咱们公司现在有些培训，内容重复，像关于公司制度的解读，还有公司礼仪这些，都是一些老生常谈的内容，不只是我觉得没意思，其他老员工也不愿意听。张总，我觉得，是不是直接将这类内容给新入职的员工单独培训就行？"

张元："很好，你说得很有道理，我和你想的一样。减少一些不必要的培训，也能节省很多时间，这个问题我会尽快向公司提出来的。这样，刚才的两个问题我们统一了意见，我也记下来了，把它们写进你下一期的绩效评估表里怎么样？总的来说，你这个月干得挺好，但是也要重视出现的问题，以后你还要多和其他部门沟通，希望在下个月的绩效评估时，我能看到你的进步。作为你的上司，我想听听你对我的工作有些什么看法？"

陈力："张总，我想给您提两个建议。一个是您平时比较忙，外出多，当公司有涉及咱们部门的工作目标调整时，请您尽量及时和我明确一下；还有，有时候咱们部门的工作需要别的部门配合时，请您多给协调一下。"

张元："没问题，我尽量多帮助你。"

绩效辅导沟通的终极目标是帮助员工提高绩效，管理人员最重要的职责是帮助员工成长，做好本职工作。认识到这一点，沟通就会事半功倍。通过张元和陈力第二次的沟通，我们不难看出，这一次绩效辅导沟通之所以能够取得良好效果，就是因为两人能耐心讨论，分析问题，一起找出解决问题的方法，制订出了具体有效的行动计划。管理人员只要能够做到用心倾听员工的声音，做好绩效辅导沟通实非难事。那么如何做好绩效辅导沟通呢？

（1）与被辅导者讨论，共同找出问题所在。在进行绩效辅导沟通时，管理人员要先了解员工的具体工作，做好充足准备，才能顺利地与员工进行沟通，找到存在的问题。

（2）制订具体有效的行动计划。进行绩效辅导沟通的目的在于帮助员工更好地进行工作，因此在找到问题后，要有针对性地提出解决办法，制订合理有效的行动计划，否则，绩效辅导面谈就失去了实际意义。

（3）接受员工的合理建议，为被辅导者提供帮助。被辅导者出现的问题，自己解决一部分，但有些问题需要直属上司提供一些资源或帮助，这个时候需要辅导者明确表示会提供需要的帮助，让员工能安心工作。而且，当员工提出建议时，应当接受其中合理的部分，共同改进工作。

4.3 绩效辅导追踪和反馈

绩效考核结束之后，员工内心难免会不安，他们会想：考核完了会不会被停职，降薪，甚至清退？这些关乎员工的切身利益。绩效辅导之后，如果没有绩效追踪和反馈的跟进，员工无法知悉绩效考核结果，自然会精神紧张，影响正常工作。同时，管理人员也无法有的放矢地给员工提出指导意见，最终将导致员工的绩效提升受到限制，绩效管理水平也将无法得到提高。因此，在进行绩效考核之后，我们必须进行绩效追踪和反馈。

4.3.1 关注执行情况

绩效追踪和反馈，主要围绕三方面工作展开。

第一，向员工通报绩效考核结果。在这一过程中，应当使员工明确他的绩效在整个团队中是一个什么样的水平。在沟通时，管理人员要耐心倾听员工陈述，并有针对性地调整下一期的绩效指标。

第二，分析员工绩效，确定改进方法。绩效管理的最终目的是提升公司的总体绩效。公司的绩效取决于每一名员工的绩效水平，因此，管理人员要帮助员工提高其绩效水平。在这一过程中，管理人员要准确界定员工绩效的高低，并与员工一起制订提高绩效的方案。

第三，协调下一期绩效考核的工作目标和绩效指标。绩效追踪和反馈不仅是这一期绩效考核的收尾，而且还是下一期绩效考核的开端。因此，在制定下一期绩效指标的时候一定要紧扣工作目标，还要兼顾员工自身情况与外界情况的变化，而不是简单、机械地在这一期目标的基础上要求增加多少个百分比。

4.3.2 正面反馈和负面反馈

绩效反馈根据结果可分为正面反馈与负面反馈两种。正面反馈是对员工的称赞和认可，同时，要给员工提出一些可以锦上添花的改进意见，使员工"百尺竿头，更进一步"；反之，负面反馈是管理人员与员工沟通之后，指出员工的不足之处，促使员工正视问题，积极改进，提升绩效。

正面反馈的关键在于"具体"。"鬼怕细描，事怕细做"，很多时候，反馈的效果会由于管理人员没有把话说细、说好而导致效果打了折扣。

下面我们以"李某做市场调研很辛苦"为例，具体介绍反馈的效果。

泛泛反馈："李某工作很努力，非常敬业，这个月废寝忘食，工作特别投入。李某很辛苦了，好好放松两天吧，休息一下。"

具体反馈："小李，你这个月工作特别投入，为了做市场调研报告，连续两星期都加班了。我看过你的报告了，完成得很快，而且很有质量。整个报告数据翔实、主次分明、分析细致入微，特别市场前景分析那部分内容，紧扣公司的实际情况，分析方法和分析思路都很独到，解决方案也非常具有可行性，这对公司下一步打开市场具有指导意义。我想，这两天你再辛苦一下，做个总结，对你将来工作也有好处。"

第一种反馈固然有效，但是李某仅仅会对管理人员有一点感激之情，而且很快就会忘记了。

第二种说法才是李某更喜欢的。员工更在意的是对工作本身的反馈，这也是对员工最有意义的。泛泛的称赞对员工的激励非常有限，其实，员工更希望知道管理人员对自己工作的评判，当管理人员对员工的具体工作内容作出了针对性的评判时，员工才会更有成就感、更受激励。

负面反馈不等于给员工"差评",它的要点是"只描述,不评判"。具体来说,就是要遵循 BEST 法则。

第一,对事不对人。不能由于员工在工作上的不足,就作出员工"干什么都不行"之类的主观论断。

第二,只讲后果。在负面反馈过程中,管理人员只要客观、准确地描述员工的不良绩效给团队和整个公司带来的不良后果,员工自然就会认识到问题。所以,在这个时候不能掺杂太多个人主观情绪,否则,只能导致管理人员与员工的关系恶化。

第三,以正能量的方式结束。负面反馈的最后是要告诉员工提高绩效之后的积极结果,对员工个人和公司有什么好处。

关于负面反馈,我们可以通过"李某醉酒"来进一步说明。

评判式反馈:"李某喝酒后还上班,在公司影响极坏。"

负面反馈:"李某喝了酒,一身酒气,还在走廊撞了别的同事,在办公室喧哗,大家都听说了。"

两种描述哪一种更容易被接受呢?显然是后者。评判式反馈加入了个人主观情绪,仅仅是说了李某喝酒以后来上班,在公司影响极坏。实际上呢?别人连他喝成什么样都不知道;而第二种负面反馈,完全是在客观描述,不带有任何主观色彩。可是,所有的话综合起来,我们就能看出来,其实就是在说李某喝酒上班造成了不良影响。相对来说,负面反馈更容易让人接受。

每一名员工都有优点和不足,管理人员首先要看到员工的优点。另外,绩效辅导的侧重点是绩效,而不是员工的性格、个性,唯有这些方面会影响绩效时才需要去谈。因此,管理人员在进行绩效辅导时要注意:首先,要起到带头作用,做出表率,身体力行,才能赢得员工尊重;其次,要帮助员工做好职业规划,将员工对自身发展的需求与绩效的提高统一起来;最后,管理人员要与员工一起确定改进内容和下一步努力的方向。

4.3.3 案例:肯德基的绩效辅导

肯德基(KFC)是世界知名大型快餐连锁公司之一,连锁店总数超过 1

万家，分布在全球数十个国家。无论是在亚洲、非洲还是美洲，都能见到肯德基的标志。仅在中国就有800多家，员工总数超过5万人。在60余年的发展历程中，肯德基不断在绩效管理上大量投入人力、资金。从公司高层管理人员，到大堂经理，到普通服务生，肯德基都制订了相应的绩效辅导方案。这些绩效辅导不仅帮助员工提高了业务能力，同时，也促进了员工的个性化发展。

与很多成功的知名公司一样，员工绩效辅导也被肯德基放在了公司长期发展战略的高度上。绩效辅导是公司必须进行的重要工作之一，通过绩效辅导，能够提高员工对公司的忠诚度，还能够提高公司内部的凝聚力。在人力资源管理方面，肯德基奉行"以人为本"的原则，注重员工的快速进步，这也是公司能够长期在全世界稳定占有市场的关键所在。肯德基绩效辅导最重要的一项就是对员工进行培训，通过培训，提高员工的业务能力和认知能力，从而提高工作效率和工作质量，提高整个公司的市场竞争力。

肯德基的整个员工培训体系就好比是一座金字塔，员工的能力达到公司要求了，就可以往上走一阶，站到新的平台上；能力继续提升了，再往上走一阶。如此这般，升迁的机会始终摆在员工眼前。可以说，肯德基的"职业天梯"，给了每一名员工晋升的机会和希望。目前，肯德基的许多大堂经理都是从最底层的服务生一步步地干上去的。

依照肯德基对员工的工作岗位要求，大堂经理必须熟悉自己负责的餐厅内的整个运转流程，无论是产品、库存情况，还是人员配置、各类突发情况的应对方案，以及产品的品质要求等，都要熟稔于心。培养一名合格的大堂经理，少则1年，多则4年，在培训期间他们要掌握扎实的专业知识与技能，通常在公司内部进行提拔。因为只有公司内部员工，才能吃透肯德基的公司文化和经营理念。

对于各层次员工，肯德基都不断投入财力和人力进行全方位、多角度的培训。肯德基配置了专门的培训团队，团队的首要任务是进行深入调研，摸清楚公司的发展方向和员工的总体情况。主要包括：预测公司下年的发展情况，预测公司对各类员工的需求情况，了解员工的业务能力、文化程度、管理水平等方面的基本信息，了解员工的个人发展需求，确定公司在培训方面具备的客观条件，如培训的资源支持、划拨的经费等。

肯德基从公司实际情况出发,制订了总体培训计划与分支培训计划,并平衡各方面的关系,让培训与公司的正常运转、公司与员工的需求、培训的投入与产出都达到平衡。培训计划在综合各方面平衡以后制订,主要内容包括:预期的总体目标、培训内容设计、季度与月度培训计划、培训的财务预算等。

肯德基的员工培训模式别具一格。例如,在中国,公司于1996年建立了专门的培训基地。培训基地的教育和培训对象主要是餐厅管理人员,每年全国有上千名肯德基的餐厅管理人员参加培训,平均每月有几十次培训。同时,培训基地大约每两年就会更新并重新设计培训内容。培训内容主要有产品的品质管理方法、品质界定标准、有效沟通、管理模式、领导艺术、团队协作意识等。

肯德基最重要的一条公司文化是:餐厅服务第一。基于这个文化理念,大堂经理被充分授权,各级经理和管理层提倡自主管理。这就要求,管理人员在实际工作中要勤于思考,对下级要敢于放权,给予足够信任。

在肯德基,培养一位大堂经理大约要投入20万元。大堂经理是肯德基的核心成员,是推动品牌成功的根本。由此也可以看出,肯德基对员工绩效辅导的投入力度有多大。

前台服务生是直接面向客户的,因此,从入职的第一天开始,每一名员工都会受到严格的培训,学习必要的操作技能。公司每个月都会为新入职的员工安排200小时左右的培训,让他们从一个"小白"成长为一个掌握了所有操作技能的"老司机"。培训后,还安排考试,考试通过后颁发结业证书。从助理到大堂经理再到区域经理,每一阶段的晋升,至少都要接受近一星期的培训课程。

针对不同的职位,肯德基都配有相应的绩效辅导,绩效辅导与员工的成长紧密联系,是肯德基公司文化的一大特色。例如,公司开始培养一名新的见习助理时,已经制定好了之后每一阶段的培训内容。一开始学习的仅仅是一些基本操作技能,以及从事管理工作时需要处理人际关系的基本技巧。随着管理能力的不断积累与职位的提升,公司会持续安排新的培训内容。

而当一名普通服务生经过多年打拼成为区域经理之后,培训的内容会更多,不光要初步学习区域管理方法,还要接受更高端的业务能力培训,甚至有可能被安排去其他国家的肯德基分公司扩大视野、开拓思路。除了这些，肯德基的管理人员还有不定期的视频资料培训，以及管理能力测试等。

为了使公司内部更加和谐，肯德基还时常举行一些员工互动活动和内部交流研讨。一位肯德基的服务生说，在这个公司，他感触最深的就是团队协作意识和把握好细节的意识。他认为，这种意识对今后工作具有积极意义，即使将来走向新的工作岗位，也会产生深远影响。

另外，从20世纪末开始，肯德基也开始注重横向交流。在中国，肯德基就多次邀请全国具有丰富经验的餐饮业资深管理人员来公司举办讲座和培训，为员工讲述专业技能、管理技能以及新的公司运营观念等。技能和观念方面的讲座与培训，不仅提高了员工的业务能力，同时也促进了公司对先进经营管理模式和理念的借鉴。

培训只是肯德基对员工进行绩效辅导的一部分内容，与之配套的还有科学的薪酬管理制度。肯德基是根据公司所处地区以及员工业绩来确定员工薪酬。发放薪酬的基本原则是多劳多得，表现出色的员工，除了基本工资外，还会有一定的奖金。在法定节假日期间，日薪比平时多50%；加班时间超过30分钟，加班费按照1.5倍工资的标准发放。

在肯德基内部，支撑起绩效辅导的是科学、完备的绩效考核机制。绩效考核机制不仅是为了提高员工的绩效，培养和提拔其中的佼佼者，更大的意义是激发员工的主观能动性，让员工全身心为公司服务。基于这种考虑，肯德基的绩效考核包括四方面内容。

第一，建立了绩效考核沟通制度，每月绩效考核结束后，管理人员会与下属员工就考核结果直接进行沟通；第二，建立了季度性的文字评语制度，每一个季度的绩效考核结束，区域经理会作出文字性评述，这样可以使员工了解公司对他们的认可程度，并感受到公司的人文关怀；第三，在研发部实行业务能力等级划分，让研发人员明确自己在整个团队中的地位，取长补短；第四，加强绩效考核后的绩效辅导，力争避免出现考核误差，确保考核的公平性、科学性和有效性。

肯德基在绩效辅导上的种种举措，不只为公司创造了巨大效益，也让公司的文化深入人心，使肯德基的品牌效应得到了进一步提升。肯德基通过科学、完备的绩效辅导，将创造利润与公司"餐厅服务第一"的文化紧密联系在了一起。现代公司应当借鉴肯德基的成功经验,在未来的运营过程当中,不仅要借助资本,更要凭借公司文化取得成功,注重绩效。

在当今移动互联网时代,公司要想适应新的市场形势,不断提高效益,留住人才,让自己长期占据市场优势,就必须高度重视对员工的绩效辅导,而绩效辅导离不开科学、系统的培训与完备的薪酬制度。绩效辅导不仅能够提高员工自身素质,还关乎公司的生死存亡,是公司发展的一项根本性的战略任务。

第 5 章
绩效辅导：对象+内容+分类

绩效辅导能够前瞻性地发现问题,并在问题出现之前解决问题,把管理人员和员工紧密联系在一起,经常性地讨论存在的和可能存在的问题,共同寻找解决方法,实现共赢,建立良好的工作关系。

绩效辅导对辅导对象、辅导内容和辅导类型都进行了详细划分,本章将进一步介绍这些内容。

5.1 绩效辅导的几类对象

管理人员在对员工进行绩效辅导时,应当做到有的放矢,针对不同的绩效辅导对象,辅导的侧重点也应有所不同,员工类型与绩效辅导策略如表5-1所示。

表 5-1 员工类型与绩效辅导策略

序号	员工类型	绩效辅导策略
1	进步神速者	1. 及时给予适当的正面激励并向其他员工公布其绩效成绩,树立榜样; 2. 适当提供更多具有挑战性的工作; 3. 加强绩效沟通,制定长期的职业生涯规划
2	表现进步者	1. 了解员工的长处并分析决定其绩效进步的主要因素; 2. 与员工共同制定能够继续提高其绩效的方式、方法; 3. 继续关注员工的工作进展情况,必要时提供相关的辅导和培训
3	未尽全力者	1. 了解员工未尽全力工作的原因; 2. 探求员工的优势所在和兴趣所在,以此为切入点进行激励和辅导; 3. 根据员工的需求调整工作目标和绩效指标
4	表现退步者	1. 了解员工绩效退步的原因; 2. 日后绩效管理中加强工作检查和绩效反馈; 3. 提供更多针对性的绩效辅导; 4. 与员工共同制定阶段性的提高绩效的方式、方法

对新员工的绩效辅导往往被公司忽视,事实上,新员工的绩效辅导是整个公司一个绩效管理工作循环的开始。因此,公司要在新员工的绩效辅导上更多投入,使新员工能够更快融入大家庭,迅速适应自己的工作岗位并为公司创造价值。新员工位于公司绩效管理工作的第一站,"万事开头难",这是尤为关键的一环。新员工绩效辅导要点如图5-1所示。

图 5-1　新员工绩效辅导要点

要想做好新员工的绩效辅导,就要调动整个公司的资源,尤其是公司的人力资源部门,更要为新员工的绩效辅导提前做好准备。对新员工的绩效辅导内容不仅包括岗位知识和业务能力,还要包括公司文化、公司各项规章制度等多个方面。某公司生产部新员工绩效辅导内容安排示例如表5-2所示。

表 5-2　某公司生产部新员工绩效辅导内容安排

绩效辅导1:理论知识							
序号	名称	方式	内容	时间	负责部门	考核方式	合格标准
1	入职培训	面授(PPT资料)、视频资料	部门组织架构、部门职能、工作流程;其他入职注意事项(考勤、绩效、培训、人事变动、总经理意见箱等);正能量培训(励志短片等)	入职第一天,40分钟	人力资源部	笔试:《合格上岗综合能力测试A卷》	取得60分及以上为合格
2	5S	面授(PPT资料)	5S基本概念、三定基本思想、工厂现场5S状况	入职第一天,60分钟	研发部、生产部		

续表

序号	名称	方式	内　容	时　间	负责部门	考核方式	合格标准
3	安全	面授（PPT资料）	安全生产基本思想、消防安全常识、电气安全、劳保用品知识、急救知识、危险化学品识别、危险源介绍和防范、安全标志和色标、EHS等	入职第一天，140分钟	生产部	笔试：《合格上岗综合能力测试A卷》	取得60分及以上为合格
4	产品	面授（PPT资料）、实物观察	主要产品介绍、产品知识	入职第一天，90分钟	研发部、生产部		
5	品质	面授（PPT资料）、实物观察	品质意识、不良品识别、量检具的模拟使用	入职第一天，90分钟	质检部		
6	设备	面授（PPT资料）、实物观察	各工艺涉及的基本设备及手工具保养等操作介绍、实物介绍（设备点检、保养、注意事项）	入职第二天，60分钟	生产部		
7	工装	面授（PPT资料）	各工艺涉及的工装介绍，包括模具和治具保养等	入职第二天，60分钟	生产部		
8	生产盘点/ERP	面授（PPT资料）	生产部月末盘点	入职第二天，60分钟	生产部、财务部		

备注：1. 绩效辅导1为期1.5天；
　　　2. 绩效辅导1开始后，建立新员工的《个人培训记录表》；
　　　3. 绩效辅导1结束后，《个人培训记录表》移交给生产部门；
　　　4. 绩效辅导1合格后，给新员工配发工牌。

绩效辅导2：现场观察与模拟操作

序号	名称	方　式	内　容	时　间	负责人	考核方式	合格标准
1	滚压	一对一指导现场指导、监督	1. 相关报表的填写 2. 作业标准书 3. 品质检查标准书 4. 设备、工装、治具、保养点检、5S 5. 生产管理作业日报 6. 制程检验记录表 7. 标示卡的识别和应用 8. 产品识别 9. 岗位安全要求	3～5天	班组长/作业骨干	作业观察表	12项合格（共计14项）

续表

序号	名称	方式	内容	时间	负责人	考核方式	合格标准
2	冲切	一对一指导现场指导，监督	1. 相关报表的填写 2. 作业标准书 3. 品质检查标准书 4. 设备、工装、治具、保养点检、5S 5. 生产管理作业日报 6. 设备工装治具的日常保养 7. 标示卡的识别和应用 8. 产品识别 9. 岗位安全要求 10. 工艺参数点检表	1~3天	班组长/作业骨干	作业观察表	12项合格（共计14项）
3	组立	一对一指导现场指导，监督	1. 作业标准书 2. 包装规格 3. 品质检查标准书 4. 制程检验记录表 5. 首末件标识卡 6. 产品区分 7. 生产日报表 8. 检具点检 9. 岗位品质 10. 各工位的2S3D	1~3天	班组长/作业骨干	作业观察表	12项合格（共计14项）
4	液体涂装	一对一指导现场指导，监督	1. 作业标准书 2. 制程日报表 3. 生产日报表 4. 生产工艺参数标准 5. 药剂检测记录表 6. 不合格处置单 7. 不合格报废单 8. 现场5S	1~3天	班组长/作业骨干	作业观察表	12项合格（共计14项）
5	组立（敏实）	一对一指导现场指导，监督	1. 包装规格 2. 不良率统计表 3. 生产日报表 4. 制程检验记录表 5. 设备点检表 6. 不合格处置单 7. 不合格报废单 8. 现场5S 9. 品质基准书 10. 检验规格 11. 产品识别卡	1~3天	班组长/作业骨干	作业观察表	12项合格（共计14项）

续表

序号	名称	方式	内 容	时 间	负责人	考核方式	合格标准
6	滚压（敏实）	一对一指导现场指导，监督	1. 滚轮基准书 2. 作业标准书 3. 品质检查标准书 4. 检具使用说明书 5. 设备点检表 6. 生产管理作业日报 7. 制程检验记录表 8. 标示卡的识别和应用 9. 标签的识别和应用 10. 检具日常点检表 11. 产品报废单 12. 模具更换记录表 13. 现场目视化管理 14. 危险源识别	3～5天	班组长/作业骨干	作业观察表	12项合格（共计14项）
7	冲切（敏实）	一对一指导现场指导，监督	1. 作业标准票 2. 品质检查标准书 3. 检具使用说明书 4. 设备点检表 5. 生产管理作业日报 6. 制程检验记录表 7. 标示卡的识别和应用 8. 标签的识别和应用 9. 设备工装治具的日常保养 10. 模具更换记录表 11. 工艺参数点检表 12. 现场目视化管理 13. 危险源识别	1～3天	班组长/作业骨干	作业观察表	12项合格（共计14项）
8	后工序1班	一对一指导现场指导，监督	1. 作业标准票 2. 品质检查标准书 3. 检具使用说明书 4. ERP刷读 5. 设备点检表 6. 制程检验记录表 7. 标示卡的识别和应用 8. 标签的识别和应用 9. 危险源识别 10. 设备工装治具的日常保养	1～3天	班组长/作业骨干	作业观察表	12项合格（共计14项）

续表

序号	名称	方式	内容	时间	负责人	考核方式	合格标准
9	后工序2班	一对一指导 现场指导，监督	1. 作业标准票 2. 品质检查标准书 3. 检具使用说明书 4. 岗位安全 5. 设备点检表 6. 制程检验记录表 7. 标示卡的识别和应用 8. 标签的识别和应用 9. 危险源识别 10. 设备工装治具的日常保养 11. 工艺参数点检表 12. 设备点检	3～5天	班组长/作业骨干	作业观察表	12项合格（共计14项）
10	粉体涂装	一对一指导 现场指导，监督	1. 作业标准书 2. 制程参数记录表 3. 设备点检表 4. 生产日报表 5. 不合格品日报表 6. 药剂检测记录表 7. 工艺点检表 8. 员工日绩效考核表 9. 生产管理日报表	1～3天	班组长/作业骨干	作业观察表	12项合格（共计14项）
11	ED班	一对一指导 现场指导，监督	1. 上料品质基准 2. 作业指导书 3. 不合格品日报表 4. 生产管理日报表 5. 绩效考核表 6. 岗位安全 7. 岗位5S 8. 设备操作及工艺流程 9. 品质管控点 10. 化学品安全常识	1～3天	班组长/作业骨干	作业观察表	12项合格（共计14项）
12	污水处理	一对一指导 现场指导，监督	1. 作业标准书 2. 设备点检表 3. 废水排放标准 4. 设备操作及工艺流程 5. 化学品安全常识 6. 岗位安全 7. 绩效考核表 8. 排放水检测 9. 设备巡检管控要点 10. 岗位5S	1～3天	班组长/作业骨干	作业观察表	12项合格（共计14项）

续表

序号	名称	方式	内容	时间	负责人	考核方式	合格标准
13	挂具焚烧	一对一指导现场指导，监督	1. 挂具种类识别/分类 2. 焊接技能掌握 3. 挂具日常维护/保养重点 4. 焚烧炉—作业指导书&设备日常维护/保养 5. 喷砂机—作业指导书&设备日常维护/保养 6. 岗位5S 7. 维护保养管理记录表 8. 岗位安全	1～3天	班组长/作业骨干	作业观察表	12项合格（共计14项）

备注：1. 本辅导阶段结束后，新员工要能够在负责人指导下进行操作并完成相应表单的填写，熟悉岗位工作流程、安全等相关知识；
2. 在本辅导阶段，新员工不直接流出产品，即新员工所做产品未经负责人检验合格，不可流入下道工序；
3. 新员工不可单独上岗操作，必须在负责人监督下才能上岗操作，负责人对新员工的行为负责；
4. 负责人对新员工进行一对一培训，填写《个人培训履历表》；
5. 负责人对新员工进行测评，测评合格后，进行绩效辅导3。

绩效辅导3：线内操作

序号	班组	内容	时间	负责人	考核方式	合格标准
1	一对一指导现场指导，监督	设备及手工具的保养、点检、安全正确操作及异常处置	3～5天	班组长/作业骨干	笔试：《合格上岗综合能力测试B卷》实操测试：《持证上岗有效性测评表》	• 理论测试：取得60分及以上为合格 • 实操测试：设备、模具、品保评定标准：B • 生产技能评定标准：L
2	一对一指导现场指导，监督	标准作业动作操作及作业改善	3～5天	班组长/作业骨干		
3	一对一指导现场指导，监督	产品的检验及品质异常处置	3～5天	班组长/作业骨干		
4	一对一指导现场指导，监督	工装的保养、点检、安全操作、表单填写练习及异常发现、处理	3～5天	班组长/作业骨干		
5	一对一指导现场指导，监督	看板的取用与条码刷读的动作模拟、现场生产盘点	3～5天	班组长/作业骨干		

注意事项：1. 在本辅导阶段，新员工的产品需要经负责人检验之后再流入下环节；
2. 理论测试及实操测试由人力资源部主管主持，测评合格者颁发上岗证；
3. 考核合格者，由人力资源部颁发上岗证。

续表

	绩效辅导4：技能提升					
序号	方式	内容	时间	负责人	考核方式	合格标准
1	理论培训、现场指导	岗位相关标准操作的重复练习和改良提升	3个月~2年	班组长/多能工	实操测试：《持证上岗有效性测评表》	设备、模具、品保评定标准：A 生产技能评定标准：U
2	理论培训、现场指导	不良品原因调查分析	3个月~2年	班组长/多能工		
3	理论培训、现场指导	8D报告内容填写	3个月~2年	班组长/多能工		
绩效辅导4结束，新员工取得上岗证后，所有辅导材料移交生产部，生产部继续进行业务能力及多能工方面的辅导。						

对新员工进行绩效辅导之后，还要定期与新员工沟通，明确绩效辅导的效果，发现并解决其中存在的问题。新员工绩效辅导跟进记录表示例如表5-3所示。

表5-3 新员工绩效辅导跟进记录表

姓名		入职日期		所在部门	
所在岗位		直接上级		跟进日期	
1. 你是否已经明确公司的规章制度以及部门的工作流程，针对这些制度流程你是否可以接受？有何建议与意见？					
2. 关于你的工作岗位，你的管理人员是否有对你进行绩效辅导？绩效辅导是否有效？辅导的时长是多少？					
3. 你认为你的管理人员在工作中是否合格？对你的关心力度是否够？需要他做一些什么改进？					
4. 工作中你发现问题有无及时向管理人员汇报？管理人员是否及时为你处理？					
5. 你目前的工作岗位是什么？针对你目前的工作目标和绩效指标是否明确？你认为工作内容与工作量是否合理？					
6. 你在目前的工作当中有哪些困难？针对这些困难，你有何建议？					
7. 老员工对你是否有所帮助？是否有排挤现象？					
8. 你是否为下一步工作改进制订了计划？如有，请简要地谈谈。					

续表

直接上级评价意见	工作能力：
	工作态度：
	发展潜力：
	直接上级签字/日期：

5.2 绩效辅导内容：工作辅导＋月度回顾

绩效辅导贯穿整个管理过程，是指在考核周期中为了使员工或下属部门完成绩效目标而在考核过程中进行的辅导。绩效辅导内容分为工作辅导和月度回顾两个方面，最终以《绩效目标月度回顾表》的形式检验整个辅导工作效果。

5.2.1 工作辅导：具体指示＋方向指引＋鼓励促进

工作辅导包括具体指示、方向引导、鼓励促进三个方面，如图5-2所示。

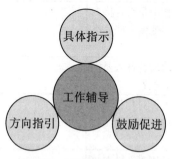

图5-2 工作辅导的内容

具体指示是指对于完成工作目标缺乏相关专业知识和技能的员工，管理人员需要进行针对性的绩效辅导，帮助员工通过若干个具体的、可实现的步骤去逐步实现工作目标，并及时了解工作目标实现情况。

方向指引是指对于完成工作目标具备相关专业知识和技能，但存在一些困难或问题的员工，管理人员在进行绩效辅导时需要为员工指引方向，并帮助员工解决问题和困难。

鼓励促进是指对于业务能力出色、能够不断实现绩效进步、顺利完成工作目标的员工，管理人员应当给予适当鼓励并与之共同制订继续提高绩效的方案。

员工取得绩效进步通常都是做到了以下四个方面，如图5-3所示。

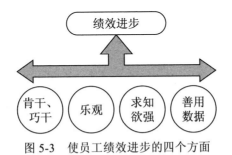

图 5-3 使员工绩效进步的四个方面

（1）肯干、巧干。机会只会垂青肯努力的人。在移动互联网时代，管理人员要想使员工取得绩效进步，在进行绩效辅导时，不仅要鼓励、指导员工努力工作，还要在科学的方法上下功夫，让员工学会巧干，掌握日新月异的前沿技术，最终提升自己的业务能力和绩效成绩。

（2）乐观。什么样的员工职业前景最好？是那种当部门和公司遇到困难时，积极乐观，敢于站出来的员工。他们勇于承担责任，勇于挑战自我，能够接受最困难的工作目标，并提出建设性意见。

"回首向来萧瑟处，归去，也无风雨也无晴。"乐观的心态不仅能够使员工自己提升绩效，同时也能够为其他员工传递正能量，提高其他员工的绩效。因此，管理人员在对员工进行绩效辅导时，要注重培养员工的乐观精神，使绩效管理工作不再枯燥、乏味。乐观的心态也会影响员工的方方面面，强烈的乐观精神能够使员工的生活更加幸福、快乐，这样也就可能在工作上取得更大的成功。

（3）求知欲强。管理人员在对员工进行绩效辅导时，要引导、鼓励员工把握问题，勤于思考，寻求最佳解决方案。管理人员可以指导员工善于向其他员工请教问题、学习方法，在这个过程中，员工也有机会提出自己的意见和看法。强烈的求知欲,不仅能使员工提高绩效,还能使员工有机会向现状发起挑战,去实现更高层次的工作目标。

(4)善用数据。绩效辅导的根本目的还是为了改进和提高绩效,而绩效的好坏直接体现在数据上,数据是衡量绩效最有力的标准。因此,管理人员在对员工进行绩效辅导时,要指导员工将绩效归纳、整理成真实、完美的数据。归纳、整理数据的过程,也是员工提升绩效、提升分析能力的过程。

5.2.2 月度回顾:月度回顾情况表

月度回顾是管理人员与员工一起对一个月的绩效实现情况进行的回顾与分析,从中总结经验教训、扬长避短,并为将来不断提高绩效找出努力的方向。月度回顾通常包括当月的绩效实现情况、存在的问题和原因分析、改进措施、未来的工作计划。月度绩效回顾示例如表 5-4 所示。

表 5-4 月度绩效回顾

部门		岗位		姓名		时间	__年__月__日至__月__日
第一部分 本月绩效实现情况							
常规工作	1. 2. 3. 4.						
专项工作	1. 2. 3.						
第二部分 存在的主要问题、原因分析及改进措施							
存在的问题							
原因分析							
改进方案							
第三部分 下月工作计划							
1. 2. 3. (注:工作计划应明确工作内容、要求及完成时间。)							

续表

第四部分　工作建议及协调支持事项	
工作建议	1. 2. 3.
协调支持事项	1. 2. 3.
第五部分　领导审阅意见	
部门管理人员	签名：
分管领导	签名：
总经理	签名：

填报说明：
1. 月度绩效总结周期为当月 1 日至 25 日。填表人须于每月 25 日 17:00 前填写此表（第一至第四部分），并以电子邮件形式提交部门负责人签署意见；
2. 各部门管理人员于当月 26 日 17:00 前将本部门员工的月度绩效回顾表汇总后签署意见，以电子邮件形式交分管领导审阅；
3. 各分管领导于当月 28 日 17:00 前，集中签署意见后以电子邮件形式提交总经理审阅；
4. 行政部于下月 3 日前将总经理审阅签署意见后的月度绩效回顾表以电子邮件形式取回，作为员工绩效考核的重要依据集中归档保存。

5.3　绩效辅导类型：矫正员工行为＋提供资源支持

绩效辅导是管理人员为员工提高绩效所作的针对性辅导。如表 5-5 所示，根据辅导内容的不同，可以将绩效辅导分为两种类型：一种是管理人员为员工丰富专业知识、提高专业技能，帮助员工矫正行为；另一种是管理人员在自己的权力范围内，为员工提高绩效提供人力、财力等必需的资源支持。

表 5-5　绩效辅导类型

序号	绩效辅导类型	具体内容
1	矫正员工行为	1. 在被考核员工的工作目标发生偏差时，管理人员及时对其进行纠正； 2. 当被考核员工能够胜任工作岗位要求，按照绩效计划开展工作并且工作目标没有偏差时，管理人员应当让员工放手工作
2	提供资源支持	被考核员工由于自身职能和权利限制，在工作过程中，可能会遇到资源不足的情况，而这些资源是实现工作目标所必需的。此时，管理人员应向被考核员工提供必需的资源支持，协助其实现工作目标

第 6 章

绩效辅导：GROW 法则 + 渠道

绩效辅导是指管理人员与员工讨论有关工作的进展情况、潜在问题、解决问题的办法措施、员工取得的成绩以及存在的问题、管理人员如何帮助员工等信息的过程。在绩效管理过程中,对员工进行有计划、有目标、有步骤的培训与帮助,包括与员工正式的、面对面的交流,进行阶段总结等。

绩效辅导要遵循 GROW 法则,掌握沟通技巧,通过最合适的渠道进行辅导。

6.1 绩效辅导的 GROW 法则

当问起管理人员"绩效考核最大的难题是什么"时,答案可能不尽相同:有人认为是评估指标设定难,设置不好绩效评估指标,就无法区分工作的主次;有人认为是考核结果评分难,分给得不合适,员工会有怨言;有人认为是绩效面谈难,担心和员工发生争执。

诚然,这些的确是绩效考核的难题,做过绩效考核工作的管理人员都深有体会。然而,这些难题都没有触及问题的本质。

在绩效考核中,评估指标并不难设定,设定方法有很多。例如,可以将部门绩效计划加以分解,从而提取出员工的绩效考核目标;也可以抓员工工作内容中的关键要素,设定绩效考核目标;管理人员还可以根据工作流程,制定员工的绩效评估指标。因此,绩效评估指标的设定并不是绩效考核最大的难题。

绩效考核结果评分也不难。因为,管理人员在日常工作中,会时常与员工沟通。在沟通过程中，管理人员会表明自己对员工的评价，员工也就会看到自己的不足之处，加以改进；同时，管理人员也会为员工指出改进方法。因此，在进行绩效考核结果评分时，员工也基本会认可考核结果。

至于绩效面谈，这一过程本身就包括在绩效考核结果评分之内，自然也不是难题。

那么，绩效考核最大的难题究竟是什么？那就是绩效辅导的技巧。只有掌握了绩效辅导的技巧，才能更精准地设定绩效评估指标，给出更合理的、更受员工认可的绩效考核分数，绩效辅导沟通也才会更加有效。

GROW法则就是一种绩效辅导技巧。该法则包括四部分：G（Goal，目标）、R（Reality，现实）、O（Options，选择）、W（Will，决心），四部分的具体内容，如图6-1所示。

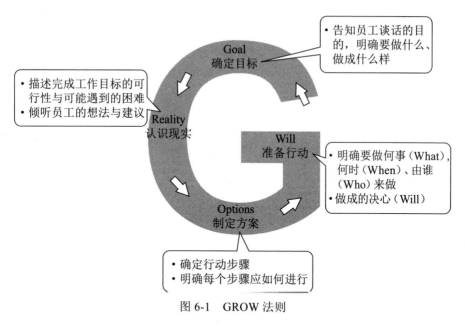

图6-1 GROW法则

根据GROW法则，管理人员在进行绩效辅导时，需要掌握一定的沟通技巧，培养员工思维能力，激发员工自身潜能。GROW法则适用于整个绩效管理工作，不仅适用于绩效评估目标的设定过程，也适用于绩效面谈。灵活运用GROW法则，管理人员能够帮助员工更快成长。

具体来说，关于G（Goal，目标），管理人员可以向员工提出以下几个问题。

1. 公司为什么会要求你从事这项工作？
2. 你希望达到什么样的工作目标？
3. 你对工作目标是如何规划的？
4. 关于工作目标，你能确定哪些流程？

关于R（Reality，现实），管理人员可以向员工提出以下几个问题。

1. 你对工作目标和公司具体了解多少？
2. 关于工作目标，你最关心哪方面的情况？
3. 你自己能多大程度地控制绩效结果？
4. 实现工作目标的过程中，你认为会遇到什么困难？
5. 你拥有哪些资源来实现工作目标？还需要哪些资源？

关于O（Options，选择），管理人员可以向员工提出以下几个问题。

1. 你可以通过哪些方法实现工作目标？哪种方法是最理想的？
2. 能否列举出这些方法的具体方案、步骤？
3. 你需要注意的地方是什么？
4. 如果给你更多资源或者赋予你更大权利，你如何改进方案？
5. 你是否会尝试与新团队一起完成工作目标？
6. 你有什么建议？

关于W（Will，决心），管理人员可以向员工提出以下几个问题。

1. 在实现绩效目标的过程中，你认为自己有什么不足？
2. 如何避免来自内外部的不利影响？
3. 你如何取得帮助？
4. 你希望别人如何支持你？
5. 在实现工作目标的过程中，你需要承担多大责任？
6. 你是否会考虑多承担责任？

6.2 绩效辅导渠道：正式＋非正式

绩效辅导渠道分为正式渠道与非正式渠道两种，如图6-2所示。

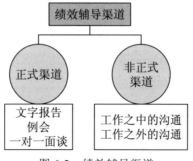

图 6-2　绩效辅导渠道

6.2.1　绩效辅导渠道

绩效辅导正式渠道包括文字报告、例会和一对一面谈等。

文字报告是最常见的形式。它是指员工通过文字、图表、数据等向管理人员汇报已完成工作情况、需要解决的问题、需要的资源支持以及未来的工作计划等。文字报告不要求员工必须与管理人员面对面沟通，可以通过邮件等方式实现，因此，文字报告易于安排，即使员工与管理人员身处异地，依然可以保证定期进行。但是，文字报告的问题在于：缺乏面对面沟通，很容易使绩效辅导流于表面化、形式化。当出现复杂情况和疑难问题时，必须通过员工与管理人员的面对面沟通来解决。

例会适用于团队的绩效辅导。在例会中需要注意下面几个问题：第一，管理人员要避免"一刀切"，应当针对不同团队、不同员工确立不同的例会主题；第二，例会的氛围应当是开放性的，要鼓励员工发表个人意见，避免会议变成"一言堂""批斗会""吵架会"；第三，例会时间要安排合理、把握好频次，不能影响正常工作；第四，要做好会议记录，以便日后工作的改进。

管理人员在面谈中可以了解到员工的难处和个性，针对性地提供帮助。

一对一面谈的优点在于：第一，有利于员工与管理人员就工作进行深入沟通；第二，通过一对一面谈，员工会感受到自己被尊重和重视，容易与管理人员拉近距离；第三，管理人员在面谈中可以了解员工的难处和个性，从而更有针对性地提供绩效辅导。

非正式绩效辅导渠道分为工作之中和工作之外两种，主要包括工作过程中的提醒、鼓励、赞许、辅导、小范围的非正式会议、工作之外的聚餐、联谊活动等。非正式绩效辅导渠道容易使员工对管理人员增强理解与信任，使双方关系更为融洽，也更加机动、灵活。

在平时的绩效辅导过程中，要有的放矢，将正式渠道与非正式渠道结合起来，针对不同类型的员工，辅导策略也应有所不同。

6.2.2 案例：星巴克一线经理对员工的绩效辅导

在员工频繁跳槽的零售业，星巴克的一线经理却"很难挖"。在中国，星巴克一线经理每年的离职数居然不超过10人，这与星巴克对员工的绩效辅导密不可分。

零售业的新员工业务能力和薪酬都不会很高，星巴克的新员工也不例外。星巴克根据员工的职业发展路径，打造了从前台服务员到一线经理、区域经理等一系列的发展路线，每一阶段都有针对性的绩效辅导。

那么，星巴克如何对员工进行绩效辅导？星巴克员工有上万名，很多人都听过星巴克大学，然而，大学里面一共也不过20个人，不可能一一进行绩效辅导。星巴克要求每一名员工晋升之后，还要负责分享自己的工作经验和技能，这样不断传承，才能够让新员工很快学会制作咖啡、熟悉公司文化、工作流程等。

星巴克非常注重一线经理的储备，每一名一线经理不仅要关注产品、用户关系的处理这类问题，还要负责招聘员工、对员工进行绩效辅导。星巴克的绩效辅导很大一部分是通过一线经理来完成的。一线经理好比是一名教练，负责辅导自己的"队员"。

星巴克的一线经理在对员工进行绩效辅导时，要考虑到方方面面：员工需要什么？员工在意什么？最重要的是，如何通过公司文化留下员工？

星巴克的绩效辅导没有很多文件，也没有漂亮海报之类的宣传品。一线经理在对员工进行绩效辅导时，更多的是传递公司的人文精神，让员工自身就成为品牌。星巴克不像很多公司那样，发展战略定下来之后，就要从上往下进行绩效辅导。星巴克的绩效辅导并没有口号，而是通过故事，结合生活实例来完成。每一名员工在接受绩效辅导的时候，不仅是在提高业务能力和职业素养，还能从公司获得实实在在的归属感与认同感。

星巴克中国大学于2012年成立，谁来做老师？还是员工自己。大学为员工提供了展现自己的平台，只要在工作上有所专长，就有机会成为员工教授。在星巴克大学，一位员工不仅能够接受绩效辅导，还可以把学到的内容与其他同事分享。这样，不仅使员工自己提高绩效，还将公司的绩效辅导体系化。

星巴克的绩效辅导不只教员工做咖啡，更注重绩效文化的塑造：新员工入职以后，先去门店做几天简单工作，然后和所有同事面对面沟通；入职第二个月才开始了解、学习具体工作；第三个月以后员工会彻底融入公司。

在星巴克，一线经理都是带着高度责任感和热忱去辅导员工的，实际上，星巴克的绩效辅导也是公司内部分享的过程，员工付出了、愿意去分享，一线经理也就和员工一起提高了。

所以，星巴克绩效辅导不仅在于提高业务能力，还注重实现精神上的共鸣。

有这样一个故事：星巴克的一名年轻员工，父母不赞成他在星巴克长期工作。他就向父母介绍星巴克的公司文化，分享他在公司学到的内容，父母感到非常惊讶，想不到儿子在星巴克短短四个月就懂了那么多，最终也就支持他来星巴克上班了。

一线经理对员工的绩效辅导成功了，员工也会主动与客户分享，客户也就会对公司更加认可。因此，星巴克的品牌优势，离不开科学、有效的绩效辅导。借用星巴克CEO的一句话：星巴克不仅为用户提供咖啡，公司侧重的其实是人，咖啡只是与人打交道的载体。

第三模块　绩效考核

第 7 章

绩效考核：
内容 + 形式

绩效考核是公司绩效管理中的一个重要环节，是绩效管理过程中的一种手段。对照工作目标和绩效标准，采用科学的考核方式，评定员工的工作任务完成情况、工作职责履行程度和员工发展情况，并将评定结果反馈给员工。

本章从内容和形式两个方面分析绩效考核。

7.1 绩效考核的内容

绩效考核的目标是促进公司管理水平提高，提升员工个人能力，充分发挥人力资源作用，为了更好地完成这个目标，要对业绩、计划完成情况，能力态度，部门满意度进行考核，这四个方面也是绩效考核的主要内容。

7.1.1 业绩考核：软指标＋硬指标

每当我们提起"绩效"，往往是指"业绩"，也就是工作成果。人们将与业绩有关的、定量的指标称为"硬指标"，如利润、成本、产量等，如表7-1、表7-2所示；而将没有直接和业绩挂钩、定性的指标称为"软指标"，如工作经验、沟通能力、团队意识、工作态度等，如表7-3所示。

表 7-1 出纳的绩效考核硬指标

考核项目	要求	权重	考核内容	考核标准					得分	备注
				不合格	基本合格	合格	良好	优秀		
账务处理	准确及时全面合理	15%	1. 针对各项业务及时记账，定期结账、对账； 2. 按会计制度编写会计凭证，做到凭证合法、手续完备、账目健全、数字准确、摘要清晰； 3. 复核出纳所有支出凭证的合理、真实、准确性以及完整性，不定期盘点出纳现金余额； 4. 相关费用收集、统计、分析，提出合理化成本控制建议； 5. 积分系统资金清算	延迟2天（含）以上	延迟1天	每月准时完成	提前完成1—3天	提前4天以上完成		1. 不合格=5分 2. 基本合格=10分 3. 合格=12分 4. 良好=14分 5. 优秀=15分
				1. 提交日期：月 日 2. 数据修改： 处 3. 内容完成程度：						
业务指标	税收申报 每月20日	15%	1. 依照税务局要求及时报税（地税、国税），个税人员不得重复二处以上申报，其他税种不可少报或多报； 2. 做好相关税费计提、扣款	延迟2天及以上	延迟1天	每月准时完成	提前完成1—3天	提前3天以上完成		1. 不合格=5分 2. 基本合格=10分 3. 合格=12分 4. 良好=14分 5. 优秀=15分
				1. 提交日期：月 日 2. 数据修改： 处 3. 内容完成程度：						
	日报表单 差错不超过2笔	15%	1. 每月15日前完成车险汇总表； 2. 每月15日前完成费用跟单报表； 3. 每月9日前完成保监网上系统报表； 4. 统计资金日报表、发票汇总表，每日上午10点前发前一日报表； 5. 每月10日提交上月营业收支明细表、费用明细表、应收明细表； 6. 每月3日前整理发票及下载网银对账单供外账处理	差错超过5笔	差错超过3笔	差错不超过2笔	差错不超过1笔	无差错		1 不合格=0分 2. 基本合格=10分 3. 合格=12分 4. 良好=14分 5. 优秀=15分
				差错： 笔						

续表

考核项目	要求	权重	考核内容	考核标准					得分	备注
				不合格	基本合格	合格	良好	优秀		
业务指标	1.不可少收、漏收；2.收账龄最长不超过20日；3.日常借款不得超过30日；4.不可多支、错支；5.有退有收，特殊情况上报领导	15%	1.核对并催收各保险公司应收账款，及时审核解付代理通数据，做到每周、每月核对清查，回款及时；2.复核各网点业务员佣金支付明细，确保代理通、财务系统、报表、现金支付等各项准确无误，符合公司发放标准；3.核对各项其他应收款，做到每星期、每月核对清查、及时回款，以防坏账。如有问题，及时上报；4.根据保险公司退保信息，收取业务员佣金	差错超过5笔	差错超过3笔	差错不超过2笔	差错不超过1笔	准确无误		1.不合格=0分 2.基本合格=10分 3.合格=12分 4.良好=14分 5.优秀=15分
				差错：笔						
	资料及凭证	每月完成	15%	1.安全保管公司下放的各网银账号及密码；2.装订财务凭证，完整保管账本及凭证等财务资料；3.完整保存所提交的全部电子报表；4.完整保存各项应收应付对账信息；5.及时更新代理业务收入及支出的政策信息报表；6.完整收集、整理、装订、保管全部凭证、票据	未及时装订	遗漏部分凭证	每月完成	装订整齐并列表统计			1.不合格=0分 2.基本合格=12分 3.合格=14分 4.良好=15分
				1.装订不合格：张 2.月份共装订 张 3.缺资料：次						

表 7-2 人力资源专员的绩效考核硬指标

考核项目	序号	指标名称	分值	评分标准	数据来源	实际绩效	得分
工作业绩	1	招聘信息发布及时率	15	要求：人力资源部的招聘计划在第二个工作日前（休息日除外）发布到相应的招聘网站，并及时更新 及时率≥95%：15分 90%≤及时率＜95%：13分 85%≤及时率＜90%：10分 及时率＜85%：0分	人力资源部		
	2	招聘计划达成率	20	要求：每月5日前制订当月的招聘计划，包括：计划参加哪些招聘会、在哪些网站上发布招聘信息、多长时间更新一次等相关工作的完成率 达成率≥98%：20分 95%≤达成率＜98%：16分 92%≤达成率＜95%：12分 达成率＜92%：0分	人力资源部		
	3	用工申请受理时效	15	要求：上级批准用工申请后，应及时安排落实 按时完成：15分 超过1天以内：13分 超过2天及以上：10分	人力资源部		

表 7-3 人力资源专员的绩效考核软指标

考核项目	序号	指标名称	分值（总分40分）	评分标准	数据来源	自评分	上级考评得分
工作能力	1	信息收集及时率	10	收到应聘信息后1个工作日内查阅，整理完毕后下发给各相关部门；未及时下发的信息由各部门反馈或经人力资源部主管核实并作汇总 及时率≥95%：10分 90%≤及时率＜95%：8分 85%≤及时率＜90%：6分 及时率＜85%：0分	人力资源部		
	2	流程控制时效	10	不超过每个模块审批的截止时间 按时完成：10分 超过1天以内：8分 超过2天以内：6分 超过3天及以上：0分	人力资源部		

续表

考核项目	序号	指标名称	分值（总分40分）	评分标准	数据来源	自评分	上级考评得分
工作态度	1	敬业精神/执行力	5	主动承担工作任务以及有效执行上级指令，5分	人力资源部		
				愿意承担工作任务，执行上级指令时偶尔需要催促，4分			
				不愿意承担工作任务，需要上级强行指派，2分			
				经常无正当理由拒绝：0分			
	2	团队沟通/协作性	5	非常善于与部门内各成员及管理层进行良好沟通合作：5分	人力资源部		
				基本能按工作需要及时、有效地进行部门内部、部门间的沟通合作：4分			
				未能按工作需要及时、有效地进行部门内部、部门间的沟通合作：2分			
				不能独立进行部门内部、部门间的沟通合作：0分			
	3	合理化建议	10	以提出改善本部门工作及管理的建议为主	人力资源部/副总		
				每月提交合理化建议5条及以上：10分			
				每月提交合理化建议3～4条：8分			
				每月提交合理化建议1～2条：6分			
				每月未提交合理化建议：0分			

一般来说，硬指标主要是展现公司财务层面的成果，反映公司近期的发展状况；而软指标更多的是展现公司员工整体素质、发展前景等隐性成果，能够反映公司长久的发展状况。

在绩效考核的实践过程中我们会发现，硬指标实现得好，公司未必就发展得更好。一方面，如果公司硬指标实现得很好，但却忽视了软指标，那么，公司的总体管理情况、精神面貌、稳定性等就无法保障，甚至会出现过于追求短期收益的情况；另一方面，片面强调硬指标，员工在工作过程中就会浅尝辄止，仅仅为了绩效考核去工作，即使能够实现更大的绩效也不去做。

当今公司不仅要追求高速发展，更要追求优质发展、良性发展与可持续发展，而这些正是通过很多软指标来考量的。

7.1.2 计划考核：计划完成情况考核

计划完成情况是绩效考核的一项重要硬指标，它能够反映一个部门的总体绩效水平，也能够反映每一名员工的业务能力以及在平时工作中的表现。计划完成情况考核是决定员工升级、清退或调岗的重要依据，同时，它也是公司对员工进行针对性绩效辅导、激励和培训的重要依据。

如表 7-4、表 7-5、表 7-6、表 7-7、表 7-8 所示，根据工作内容的不同，对各部门以及不同工作岗位的员工在进行计划完成情况考核的内容也有所不同。

表 7-4 各部门计划完成情况考核

部门	绩效考核目标	目标值	月 份											
			1	2	3	4	5	6	7	8	9	10	11	12
采购部门	交付准时率	100%												
	顾客满意度	90%												
	服务反馈处理	≤24h												
	收货出错率	<1%												
	采购产品准时到货率	100%												
	采购产品验证合格率	96%												
生产部门	生产计划完成率	100%												
	主要原材料利用率													
	成品交验合格率	96%												
	生产设备完好率	98%												
	设备保养计划完成率	100%												
质检部门	产品出厂合格率	100%												
	产品错检率、漏检率	<1 次												
	纠正、预防措施完成率	100%												
	监视、检测装置完好率	98%												

表 7-5 人力资源专员计划完成情况考核

绩效考核目标	月份	本月计划培训次数	实际培训次数	计划培训实施率	培训人数
员工培训计划完成率					

续表

绩效考核目标	月份	本月计划培训次数	实际培训次数	计划培训实施率	培训人数
员工培训考核合格率	月份	本月培训人数	考核合格人数	员工培训考核合格率	备注
文件发放有效率	月份	本月发放文件（份/人）	有效发放（份/人）	文件发放有效率	备注
文件审核合格率	月份	本月审核文件份数	审核有效性（合格份数）	文件审核合格率	备注
公司纪律检查合格率	月份	本月出勤员工总数	违纪、违规人数（人/次）	公司纪律检查合格率	备注
绩效考核目标完成情况综合分析					
编制/日期			审批/日期		

表 7-6　客服专员计划完成情况考核

绩效考核目标	月份	本月按订单交付批次	准时交付批次	交付准时率	备注
订单交付准时率					
客户满意度	月份	本月调查客户数	客户反馈/投诉次数	客户满意度	备注

续表

绩效考核目标	月份	本月按订单交付批次	准时交付批次	交付准时率	备注
服务反馈处理	月份	本月客户反馈次数	反馈处理时间	客户反馈处理	备注
编制/日期			审批/日期		

表 7-7 生产工人计划完成情况考核

绩效考核目标	月份	生产计划批次	按时完成批次	生产计划完成率	备注
生产计划完成率	1				
	2				
	3				

绩效考核目标	月份	入库产品总数	期末结存数	本月领用数	本月结存数	材料利用率
主要材料利用率						

绩效考核目标	月份	本月产品送检批次	检测合格批次	产品检测合格率	备注
产品检测合格率					

绩效考核目标	月份	计划外停机时间	生产设备开机时间	生产设备完好率	备注
生产设备完好率					

绩效考核目标	月份	本月计划保养设备数	设备保养验收合格数	设备保养计划完成率	备注
设备保养计划完成率					

绩效目标完成情况汇总、分析	
填报/日期	审批/日期

表 7-8 研发专员计划完成情况考核

绩效考核目标	月份	本月新产品研发计划数	新产品研发实际完成数	新产品研发计划完成率	备注
新产品研发计划完成率					
项目报备一次成功率	月份	本月项目报备批准数	一次成功数	项目报备一次成功率	备注
工艺、技术文件合格率	月份	本月编制、评审工艺、技术文件数	工艺、技术文件合格数	工艺、技术文件合格率	备注

绩效目标完成情况综合分析：

| 填报 / 日期 | | | | 审批 / 日期 | |

7.1.3 能力态度考核

工作能力与工作态度是绩效考核软指标中的两项重要内容，如表 7-9 所示。工作能力包括应变能力、业务能力等指标；工作态度包括团队意识、责任感等指标。工作能力与工作态度一样重要，在绩效考核过程中，管理人员要根据员工的工作态度与工作能力，针对性地安排工作任务和工作岗位。具体来说，内容如下所述。

（1）工作态度和工作能力都不佳的员工要予以清退。

（2）工作态度好、工作能力差的员工往往能够积极、认真地完成一些简单的工作任务，但难以胜任有较高技术含量的工作。

（3）工作态度差、工作能力强的员工则往往不能很好地完成团队合作，但适合做一些专项研究类工作。

（4）工作态度与工作能力俱佳的员工是公司最需要的，也是公司进行绩效考核的终极目标。

表 7-9　工作态度与工作能力指标与具体要求

工作能力	应变能力	主动学习各类知识，积极参加公司和部门组织的培训，拓宽知识面，提高应变能力
	业务能力	对本职工作所需的专业知识和业务技能熟练掌握，并能够在工作中灵活运用
	发展潜力	工作意愿强、有职业道德，言谈举止符合职业特点
	细致性	工作认真、细致，考虑问题全面，失误率低
工作态度	团队意识	与其他部门、同事配合顺畅、和谐，沟通意识强，团队合作好
	责任感	服务意识强、有职业道德，言谈举止符合职业特点
	忠诚度	严守公司商业机密、核心技术等重要信息，不传播负能量

7.1.4　部门满意度考核

部门满意度考核是为了使公司通过对各部门满意度的绩效考核，发现各部门存在的问题和不足之处，有针对性地加以完善，从而提高部门整体的工作质量和管理能力，最终使公司提高总体绩效，实现发展战略。部门满意度包括部门的服务态度、工作能力等指标，通常由其他部门进行综合评估，如表 7-10 所示。

表 7-10　部门满意度考核指标

被考核部门：			评价日期：		
□月度评价□季度评价□年度评价					
考核维度	考核指标	考核重点	考核标准	分值	评分
服务态度	配合度	1. 工作热情是否饱满；2. 能否主动配合其他部门完成各项工作	部门员工能够站在部门的角度思考问题，善于发现部门需求，听取其他部门反馈，部门员工参加相关部门协调会的出席率达 90% 及以上	10	
			部门员工有工作热情，能够主动考虑协调部门之间的问题，并提出解决办法。部门员工参加相关部门协调会的出席率达到 80%～90%	8	
			部门员工有一定的工作主动性和工作热情，总体服务意识较好、对其他部门的需求响应偶有不及时，但能够协助其他部门较快解决问题。部门员工参加相关部门协调会的出席率达到 70%～80%	6	

续表

考核维度	考核指标	考核重点	考核标准	分值	评分
服务态度	配合度	1. 工作热情是否饱满；2. 能否主动配合其他部门完成各项工作	部门员工有一定的工作主动性，整体服务意识一般、对其他部门的需求响应不够及时，解决问题常有拖延现象，需要上级或其他部门的督促。部门员工参加相关部门协调会的出席率达到60%～70%	4	
			部门员工工作不主动、缺乏热情，对其他部门的需求响应速度慢、解决问题效果差，需要上级或者其他部门不断督促。部门员工参加相关部门协调会的出席率低于60%	2	
	责任感	1. 能否恪尽职守；2. 能否对部门工作职责自始至终表现出负责的态度	部门员工有很强的责任感，充分意识到本部门工作的重要性，切实履行本部门职责。考核期内其他部门对该部门的投诉不多于2次	15	
			部门员工能够认识到自己的职责，能够负责地完成本职工作。考核期内其他部门对该部门的投诉介于3～5次	12	
			部门员工稍欠缺责任感，但尚能承担分内的职责。考核期内其他部门对该部门的投诉介于6～8次	9	
			部门员工缺乏责任感，时有逃避、推诿责任的情况发生。考核期内其他部门对该部门的投诉介于9～10次	6	
			部门员工严重缺乏责任感，经常逃避、推诿责任。考核期内其他部门对该部门的投诉达11次及以上	3	
工作能力	专业性	1. 是否在专业技术领域对其他部门提供了足够的支持；2. 处理问题是否缜密、严谨，并遵守相关的制度、规范要求	部门员工专业领域技术拔尖，能够全面把控部门专业技术细节，不断总结和创新工作模式和方法，持续提升专业能力，能够对经手事项和上下游衔接部门提出建设性意见。考核期内发生业务差错不多于2次	15	
			部门员工专业领域技术优秀，能够较为全面地把控部门专业技术，有提升专业能力的意愿，能够对上下游衔接部门提出合理意见。考核期内有3～5次业务差错	12	
			部门员工专业领域技术较好，能够较为合理地处理本部门涉及的专业技术问题。考核期内有6～8次业务差错	9	
			部门员工专业领域技术一般，基本能够处理本部门涉及的专业技术问题。考核期内有9～10次的业务差错	6	
			部门员工专业领域技术较差，难以合理处理本部门涉及的专业技术问题，考核期内有11次及以上的业务差错发生，上下游部门投诉较多	3	

续表

考核维度	考核指标	考核重点	考核标准	分值	评分
工作能力	沟通协调	1.工作沟通是否及时、有效；2.是否能够化解跨部门工作中的误解，促成项目推进	部门员工能够以宏观视角思考问题，积极发现其他部门需求，听取反馈，善于化解部门沟通中的误解，统筹各方意见达成共识。考核期内关于沟通不畅的投诉不多于2次	10	
			部门员工有换位思考的理念，能够听取其他部门反馈，面对冲突不逃避，积极主动消除工作中的矛盾，与各部门保持良好合作关系。考核期内关于沟通不畅的投诉在3～5次	8	
			部门员工能够吸取其他部门的建议，能够主动积极配合跨部门工作，能够抓住工作重点，事项配合度较高。考核期内关于沟通不畅的投诉在6～8次	6	
			部门员工基本能够吸取其他部门的建议，能够正常完成跨部门工作。考核期内关于沟通不畅的投诉在9～10次	4	
			部门员工不善于进行跨部门沟通，经常与衔接部门产生工作冲突。考核期内关于沟通不畅的投诉不少于11次	2	
	部门管理	部门分工是否明确，责任是否明晰	部门内部分工明确，责任明晰，协作到位，无推诿现象，其他部门提出需求时，始终有明确对接人，回复及时、明确	10	
			部门内部分工基本明确，责任明晰，推诿现象较少。其他部门提出需求时，发生过1～2次无明确对接人的现象	8	
			部门内部分工基本明确，偶尔发生推诿现象，其他部门提出需求时，发生过3～4次无明确对接人的现象	6	
			部门内部权责有较多重叠之处，推诿现象时有发生，其他部门提出需求时，发生过4～5次无明确对接人的现象	4	
			部门内部权责混乱，责任不明，其他部门提出需求时，发生过的搪塞敷衍现象不少于6次	2	

续表

考核维度	考核指标	考核重点	考核标准	分值	评分
工作成效	计划管理	1. 能否制订工作计划；2. 工作计划能否有效促进工作完成	部门员工善于制订工作计划，并通过计划提高效率，实现最佳工作结果。考核期内该部门提交计划及时率不低于95%	20	
			部门员工能够制订工作计划，并有效完成工作任务。考核期内该部门提交计划及时率达到85%～95%	16	
			部门员工尚能制订工作计划，把握工作重点，基本能够完成工作任务。考核期内该部门提交计划及时率达到75%～85%	12	
			部门员工很少制订工作计划。考核期内该部门提交计划及时率在65%～75%	8	
			部门员工工作无计划。考核期内该部门提交计划及时率低于65%	4	
	工作效率	能否严格根据一级、二级节点计划要求，在保证质量的前提下按期完成部门工作	部门员工能够在保质、保量的前提下超额完成各项工作目标。涉及项目一级、二级节点计划的工作事项达标率不低于90%，完成质量高、效果好	20	
			部门员工能够以高标准完成各项工作目标，涉及项目一级、二级节点计划的工作事项达标率达到80%～90%，完成质量、效果能够达到预期要求	16	
			部门员工较好完成各项工作目标，涉及项目一级、二级节点计划的工作事项达标率70%～80%，完成质量、效果基本能够达到预期要求	12	
			部门员工基本能够完成各项工作目标，涉及项目一级、二级节点计划的工作事项达标率60%～70%，完成质量、效果与要求有一定差距	8	
			部门员工难以完成各项工作目标，涉及项目一级、二级节点计划的工作事项达标率低于60%，完成质量、效果与要求差距很大	4	

7.2 绩效考核形式：时间 + 主体 + 结果

绩效考核的形式包括考评时间、考评主题和考评结果三个方面。

7.2.1 考评时间：日常考评 + 定期考评

日常考评是指公司对被考核员工进行的关于日常工作表现的绩效考核，包括考勤、工作制度遵守等方面的内容。日常考评内容示例如表 7-11 所示。

表 7-11　日常考评内容

部门		姓名		职位		考评周期		
序号	考核项目	考核项目				分值权重	自评得分	考核得分
1	工作制度遵守	按时向本部门管理人员提交日/周工作计划；				20		
		遵守请示报告制度，定期向本部门管理人员报告工作计划及工作进展情况；				20		
		遵守请示报告制度，外出办公时提前向本部门管理人员请示并填写《外出登记表》，每次未填写减 1 分；				10		
		严格控制借款金额，及时向财务交票及清账				15		
2	考勤	迟到或早退，每次减 1 分；当月迟到 10 次及以上，本项不得分；				15		
		考勤异常时，应及时填写考勤异常登记表；				10		
		请假须提前向本部门管理人员请示并填写请假单，并提交人力资源部备案				10		
合计						100		
绩效指标设定	被考核者： 考核者：			考核结果确认	被考核者： 考核者：	考核结果提交时间：		

定期考评，是指公司对被考核员工依照固定周期、固定流程、固定内容所进行的绩效考核，包括季度、年度考评等。季度考评内容与年度考评内容示例分别如表 7-12、表 7-13 所示。

表 7-12　季度考评内容

姓名		部门		职位		考核日期		
考核项目			评分标准				自评	管理人员评
工作完成（65 分）	计划与执行（15 分）		1. 能够科学制订工作计划，并充分执行，实现预期目标（10～15 分）； 2. 能够制订工作计划，得到部分执行，实现一部分预期目标（1～9 分）； 3. 难以制订工作计划,未得到执行,未实现预期目标(0)。					

续表

考核项目		评分标准	自评	管理人员评
工作完成 （65分）	支持与配合 （10分）	1. 支持公司工作，与其他部门或客户有很好的配合（6～10分）； 2. 对公司和客户的相关工作，难以支持或支持不力（1～5分）； 3. 不支持、不配合公司或客户的相关工作（0分）		
	工作效率 （15分）	1. 在规定时间内，优质、高效地完成工作（15分）； 2. 能够完成工作，但是效率不高（1～14分）； 3. 不能够按照要求完成工作（0分）		
	团队管理 （15分）	1. 团队内部有效沟通、上下团结、积极工作（10～15分）； 2. 团队内部缺乏沟通、松散、懈怠（1～9分）； 3. 团队内部钩心斗角、拉帮结派（0分）		
	团队学习 （10分）	1. 每月组织部门员工进行专题学习的次数不少于2次（5～10分）； 2. 很少或是不组织部门员工进行专题学习（0～4分）		
制度执行 （20分）	规章制度遵守 （10分）	1. 遵守并执行公司各项规章制度（1～10分）； 2. 不遵守公司规章制度（0分）		
	仪容仪表 （5分）	1. 根据公司要求着装（1～5分）； 2. 未能按照公司要求着装，有损公司形象（0分）		
	出勤率 （5分）	1. 月度出勤率为100%（5分）； 2. 月度病事假≤2天，无迟到及旷工（4分）； 3. 月度病事假<5天，季度迟到≤3次，无旷工（3分）； 4. 月度病事假≥5天，或季度迟到>3次，或有旷工（0～2分）		
工作态度 （15分）	专业能力 （5分）	1. 全面掌握相应的专业知识，能够为客户解决专业性问题（4～5分）； 2. 掌握一定的专业知识，能够为客户解决常用问题（1～3分）； 3. 专业知识较少，无法帮助客户（0分）		
	责任感 （5分）	1. 勇于承担责任、尽心尽职，能够为公司和客户着想（1～5分）； 2. 推卸责任、公私不分、假公济私（0分）		
	主动性 （5分）	1. 工作热情高，经常对项目或公司管理提出意见和建议（3～5分）； 2. 工作消极被动，缺乏热情，需要上级不断督促（0～2分）		
合计				

续表

级别	通过以上各项的评分，该员工的综合得分是：_____ 分 该员工应处于的等级是：（　）A　　（　）B　　（　）C　　（　）D A：综合得分≥90分；　　　　B：89.9分≥综合得分≥75分； C：74.9分≥综合得分≥60分　　D：≤59.9分
总监评价	

评分标准说明：
一、评分权重：自评占30%，经理或总监评分占70%（比如，自评总分为89分，经理或总监评分为86分，则该人员的综合得分 =89×30%+86×70%=86.9分，最后得分保留1位小数）。
二、额外减分情况：当月发生客户投诉每次减5分，客户投诉达3次以上给予工资级别连降两级或直接辞退的处理。

表7-13　年度考评内容

员工姓名		直接上级姓名	
工号		职位	
职位/岗位		填表日期	
部门/处			
第一部分：年度总体行为表现			
考核项	具体行为标准		自我评述
1.客户满意度	考核内外客户满意度；职能部门主要考核内部客户满意度。请参照《公司员工行为表现参考标准》进行评述		
2.执行力	考核对应的流程、制度的合理性和执行力情况，包括ISO；鼓励对流程改进以提高工作效率和质量的行为。评述参照同上		
3.学习成长	考核自我成长和团队建设，主要考虑技能成长。管理人员还应包括对下属员工的考核、培训情况。评述参照同上		
4.责任感	考核员工的责任感，主要依据各部门和岗位的具体行为进行考核。评述参照同上		
5.团队合作	重点考核管理人员、员工团队精神，主要依据各部门和岗位的具体行为进行考核。评述参照同上		
本年度自我评分：5分优秀　4分良好　3分称职　2分基本称职　1分不称职 　　　　　　　△　　　　△　　　　△　　　　△　　　　△			
第二部分：下一年度的主要工作目标			
请简要描述下一年度主要工作目标、时间规划、预期达到的效果、所需的资源支持等情况			

续表

第三部分：年度考核结果与绩效评价
第一季度得分（　）　　第二季度得分（　）　　第三季度得分（　）　　第四季度得分（　） 本年度绩效考核总分＝自我评分（　）＋四个季度考核平均得分（　）×95%＝（　）
说明：由于公司在今年下半年推出新考核方案，与原有考核方案在考核内容、评分标准等方面发生很大变化，各季度考核分数难以平衡，因此<u>本年度上栏公式暂不启用，在下一年度将正式实施</u>。四个季度得分仅作为直接上级综合评分的参考。各季度的具体分数可以填写，也可以不填写。
本年度直接上级综合评分：（　）
说明：本栏评分由直接上级根据被考核员工本年度的全年绩效和综合表现情况进行评分，仅在本年度使用。
本年度绩效考核总分＝自我评分（　）＋直接上级综合评分（　）×95%＝（　）
绩效趋势 　　　　退步　　　　　　稳定　　　　　　进步 　　　　　△　　　　　　　△　　　　　　　△
简要评述被考核员工本年度的主要贡献与工作方面的不足：
关于被考核员工的工作改进和职业发展意见与建议：（请从理论学习和技能学习两方面描述）
用于工作改进和职业发展的年度计划

方式	学习内容	比例
个人自学（书籍和工作）		
部门学习和辅导		
公司提供的培训机会		

对被考核员工工作潜力的见解：
被考核员工对近期或长期事业目标自我评述：
被考核员工签名：　　　　　　　日期：
管理人员签名：　　　　　　　　日期：

7.2.2 考评主体：主管＋自我＋同事＋下属

绩效考核的考评主体是参评人员，合格的参评人员应全面了解被考核员工的岗位职责、工作目标以及具体的绩效考核指标。参评人员还要熟悉被考核员工平时的工作表现，最好在日常工作中与被考核员工有较多接触；同时，要做到公平、公正、客观。如表 7-14 所示，考评主体可分为主管、被考核员工自身、同事和下属。

作为被考核员工的直属管理人员，主管考评的优势在于，其对员工工作的各方面情况了解得比较清楚，考评意见能够直接与被考核员工的升职、加薪、奖惩等切身利益相结合，与之沟通更为便利，能够掌握被考核员工的想法、发展潜力等。但是，主管考评也有缺点，如被考核员工会顾及自身利益，考核时患得患失，主管如果不能做到客观、公平、公正，可能会损害被考核员工的信心和工作积极性。

自我考评最为轻松，被考核员工不会有压力，还能够加强员工对绩效考核的参与意识。同时，自我考评结果往往富于自我批评，能够使被考核员工在日后的工作中改善绩效。自我考评的缺点是被考核员工往往会高估自己的绩效。因此，自我考评只能作为员工改善绩效的辅助方式，涉及加薪、升职等情况时，则不足以列入考评标准。

同事考评的优势在于，与被考核员工接触时间最多，对其更加了解。但正是由于非常熟悉与了解，考评容易掺杂较多的感情因素，可能会使考评结果失去真实性和客观性。同事考评最适用于项目组，同事参与考评能够对被考核员工起到积极的鞭策作用。

下属参与考评，有助于提高被考核员工的管理才能，也实现了绩效考核过程中的权力平衡，使被考核员工受到有效监督。但是，下属参与考评时可能会畏首畏尾，导致考评结果不够客观。

表 7-14　考评主体与考评内容

被考核员工姓名：	部门：	职务：
考核人姓名：	部门：	职务：
考核时间段：　年　月—　年　月		
评价尺度及分数 杰出（4分）　优秀（3分）　良好（2分）　一般（1分）　较差（0分）　极差（-1分）		

续表

评价项目		评价得分				权重	备注
		主管评价	自我评价	同事评价	下属评价		
职业素养 （20分）	品德修养					4%	
	仪表仪容，端庄整洁					4%	
	坚持真理，实事求是					4%	
	意志坚定，不骄不躁					4%	
	谦虚谨慎，勤奋好学					4%	
工作态度 （20分）	热情度					4%	
	信用度					4%	
	责任感					4%	
	纪律性					4%	
	团队协作意识					4%	
专业知识 （20分）	业务能力					4%	
	相关专业知识					4%	
	外语知识					4%	
	计算机应用知识					4%	
	求知欲					4%	
工作能力 （20分）	文字表达能力					2%	
	逻辑思维能力					4%	
	指导辅导能力					4%	
	人际交往能力					5%	
	组织、管理与协调能力					5%	
工作成果 （20分）	工作目标的达成					2%	
	工作效率					4%	
	工作质量					5%	
	工作创新					5%	
	成本控制					4%	
分数合计						100%	
工作表现综合评价							
优势及劣势分析	优势分析						
	劣势分析						

续表

项目的建议与意见	有待提高技能	
	参加培训项目	
未来工作预期	明年目标	
	预期表现	

7.2.3 考评结果：定性 + 定量

定性考评结果可以分为两种：一种是等级划分法，即根据绩效考核指标，将考评结果划分为优、良、中、及格、不及格等不同等级，最终得到考评结果。等级划分法的优点是简单、直观，适用于定性的绩效考核指标，缺点是适用于被考核员工仅 20 人以下的单位，被考核的员工更多时，考评结果的准确性将难以保证。

另一种是短句考评法，即将绩效考核指标用不同的短句描述，让考评人员作出选择。这种方法虽然能够保证准确性，但很多绩效考核指标难以用短句描述出来，不具备直观性。

定量考评是将考评结果通过具体分数展现出来的方法。这种考评是在确定绩效考核指标的评分标准后，对每一项指标进行评分，最后将各指标的评分累加起来给出总分。定量考评科学、直观、易于比较，但有时不具备客观性。

在绩效考核过程中，只有综合运用定性与定量两种考评方式，才能充分发挥二者的优势，从而对员工的个性特征与工作质量等进行客观、有效、全面的考评。

7.2.4 案例：某零售公司绩效考核分析

在移动互联网时代，行业间竞争日趋激烈，各类高新技术公司不断增加。在做好产品的前提下，建立科学、公平、公正的绩效考核体系变得尤为重要。那么，绩效考核如何具体运用到公司管理之中呢？本节以 B 公司的绩效考核方案作为案例加以分析。

B 公司是一家从事家具零售的公司，已有 20 余年历史。经过多年打拼，公司已成为一家大型集团公司。截至2018年3月，B公司已有5家分公司，经营项目包括家具制作、零售、展销等，有员工3000多人，逐渐成为家具零售业的领军者。

在飞速发展的过程中，B公司的管理问题也逐渐显现出来：由于缺乏绩效管理系统，没有针对性的绩效考核，缺乏相应奖惩措施，导致很多基层员工工作作风散漫、工作态度不积极，严重影响了公司进一步发展。

结合公司实际情况，经过缜密调研，公司制定了科学的绩效管理方案，将绩效指标与行为规范相结合，对员工进行全面的绩效考核。

具体来说，B公司的定量考核指标包括如下内容。

（1）总收入：分为年、季度、月来衡量。

（2）利润：根据公司实际情况而定，一般低端产品利润占总收入的15%；中端产品占20%。

（3）经营、管理投入费用：视公司实际情况而定。

（4）缴税：占公司总收入的8%。

定量考核能够很明确地告诉员工自己该做什么，至少要做到什么程度。优点是绩效目标显而易见，也容易做出分工。缺点是同样的工作，不同的员工对于完成的绩效目标认定可能会有不同认知，这就需要通过加强监督来完善。

同时，不同职位之间可能存在职责的真空带，这种真空带无法量化，造成两个职位的员工都不负责的局面。这时就需引入激励机制，促进不同职位员工的合作，弥补职责真空带。既有分工，又有合作，定量考核才能真正落到实处。

B公司的定性考核指标包括如下内容。

（1）产品研发：要勇于创新、善于引导消费、树立品牌形象。

（2）员工的业务能力与职业素养：必须经过培训去改善，服务质量和产品质量也能经过培训不断巩固和提高，因此，要抓好员工的培训管理工作。

（3）对市场的准确把握和老客户维护、新客户开发：公司必须始终重视的工作。

（4）入职管理：每一名员工自入职之后，公司就要对员工负责，员工的工作能力、工作效率、工作态度等都要管理好。

（5）客户服务：必须认真落实公司服务理念，实现专业化、人性化、个性化。

（6）生产设备维护：也是公司的一项基础工作，不但要注重大件设备的维护保养，一般的小型设备和零部件也要爱护和定期保养，生产设备维护好了，就等于间接保障和提高了公司效益。

（7）财务管理：公司的一切动产和不动产在员工工作期间是否得到保护和增值，也纳入考核内容。

相比于定量考核的用数据说话，定性考核更仰仗管理人员的感性认识。管理人员根据自己的经验、感觉、直觉，分析员工的实际表现。定性考核虽然不如定量考核科学和精细，但在数据资料不足时非常适用。因此，公司在绩效考核过程中要把定量考核与定性考核相结合，完善绩效管理制度。

但是，管理人员也要认识到，定量考核与定性考核并没有绝对界限。在实际应用中，定量考核需要事先进行定性预测，而定性考核也往往需要做一定计算，两者相互依存，定量是定性的具体化，定性是定量的理论基础，二者的有机结合才能取得最理想的效果。

B公司对员工进行绩效考核时，以月度考核为基本单元，管理人员每星期记录下员工的工作内容与工作表现，月度考核以周记录作为主要参考。根据周记录算出员工当月的绩效考核总分，之后计算薪酬。进行年度绩效考核时，管理人员会综合月度考核结果加以考量。员工月度工作记录卡示例如表7-25所示。

表 7-15　员工月度工作记录卡

姓名：		部门：	工号：
出勤情况		旷工（　） 迟到（　） 早退（　） 病假（　） 事假（　） 倒休（　）	
工作表现	本职工作完成情况		
	临时交办工作完成情况		
	工作标准完成情况		
	工作态度		
	工作效率		
	团队意识		
	应变能力		
	创新能力		
	公司规章制度的遵守		
填表人：		被考核员工签字：	日期：＿＿年＿月＿日

管理人员的绩效考核包括季度考核和专项工作考核，由其上一级主管负责。在进行年度绩效考核时，季度绩效考核总分的平均分占其总得分的30%，专项工作考核占70%。管理人员季度绩效考评表示例如表7-16所示。

表7-16 管理人员季度绩效考评表

部门：　　　　　　姓名：　　　　　　考核时间：

评分标准 \ 考核内容	优 91~100分	良 76~90分	中 61~75分	差 60分以下	权重
本部门工作目标、工作计划的明确性	季度工作计划明确，有很好的计划管理办法，自身工作目标明确，并且能够让每位员工都明确并理解工作目标。能够完全实现工作目标	季度工作计划明确，有较好的计划管理办法，自身工作目标明确，工作目标能够让员工普遍理解，80%≤工作目标实现率<100%	季度工作计划明确，自身工作目标明确，部分员工能够理解工作目标，70%≤工作目标实现率<80%	季度工作计划明确，自身工作目标不够明确，但少数员工能够理解工作目标，工作目标实现率不足70%	20%
工作方式、方法改进状况	有季度改进计划，改进过程管理得力，改进方法好。改进效果或潜在效果理想	有季度改进计划，改进过程管理得力，改进方法较好。改进效果或潜在效果较好	有季度改进计划，改进过程管理得力，改进方法基本有效。有改进效果或潜在效果	无明确的改进计划，本部门工作进步缓慢	15%
培训管理	能够对下属员工进行针对性的培训，并很好地得到贯彻执行	能够对下属员工进行针对性的培训，并较好地得到贯彻执行	有针对下属员工的培训计划，执行情况尚可	培训计划不明确，且执行不力	15%
数据准确率	99%≤准确率≤100%，能够针对数据管理提出更好的方法	98%≤准确率<99%	95%≤准确率<98%	低于95%	20%
工作效率	当天目标项目于8:30之前完成，录入电脑系统	当天目标项目于10:00前做完，录入电脑系统	当天目标项目12:00前做完，录入电脑系统	当天目标项目17:30前做完，录入电脑系统	15%
物料先进先出情况	100%	不低于90%，不足100%	不低于85%，不足90%	不足85%	10%
现场管理					5%

由此可见，对员工的绩效考核要根据具体岗位，科学搭配定量考核与定性考核。对于管理人员而言，因其决策会影响公司的总体生产、经营情况，其工作也往往是从全局出发的，因此，宜多采用定量考核加以约束。对于财

务部、市场部、品质部等职能部门的员工来说，工作内容主要由管理人员制定和安排，自主性较小，工作内容单一，对公司的整个经营计划只有很小范围的影响。因此，适宜采用定性成分多、注重工作过程的绩效考核指标，即定性考核要多于定量考核。

绩效考核的结果主要体现在三个方面。

（1）是公司对员工实行薪酬管理和奖惩的依据。

（2）使公司在经营、管理上查缺补漏，从而加以改进。

（3）针对性地对员工进行培训，提高绩效。

B公司绩效考核的最后一步是绩效反馈。在这个过程中，员工与管理人员共同讨论绩效考核的结果。如果没有绩效反馈，绩效考核也会失去激励、奖惩和促改的作用。因此，有效的绩效反馈在整个绩效考核工作中至关重要。

实行绩效考核之后，B公司的员工更加明确了自己的工作目标与职责，同时员工的绩效大大加强，公司的经营、管理业绩也越来越好。

绩效考核既有弹性又十分复杂，其他公司不仅要借鉴B公司的经验，还要结合自身情况制定适合自己的绩效考核方案，让管理人员与被考核员工相互配合，让绩效考核真正落到实处，这样才能提高公司的核心竞争力。

第 8 章

绩效考核方法：KPI + BSC+ MBO + 360°

绩效考核办法也称业绩考评或"考绩",是针对公司中每个员工所承担的工作,应用科学的定性、定量的方法,对员工工作的实际效果及为公司带来的贡献或价值进行考核和评价。

在公司进行业绩考评时,需要做大量的相关工作。它是公司人事管理的重要内容,更是公司管理强有力的手段之一。绩效考核方法包括KPI、BSC、MBO 和 360°考核法等,本章将详细讲解这四种考核方法。

8.1 KPI 关键绩效指标考核法

KPI(Key Performance Indication)即关键绩效指标,是将公司内部的关键参数进行设定、提取、计算、分析,将公司目标量化获得的绩效管理指标。KPI 把公司的发展战略程序化,为公司进行绩效管理提供了可能。KPI 在现代公司中得到了广泛应用,因其可以使管理人员明确自己的职责,并在此基础上,进一步明确下属员工的绩效指标,从而使绩效考核量化。制定 KPI 关键绩效指标考核法,确立清晰、可行的 KPI 指标体系是关键。

8.1.1 明确公司各层级绩效目标

制定 KPI 主要有头脑风暴法和鱼骨分析法。头脑风暴法是围绕一个议题成功展开自由分析、讨论,最终确定目标和实行方案的一种团队决策方法。头脑风暴法包括 KRA 法、CSF 法、KSO 法、KBA 法等。其中,公司用得最多的是 KRA 法、CSF 法以及 KSO 法。

KRA（Key Result Areas）法，即关键成功领域法，就是通过分析目标成果的构成，找出决定绩效目标的重要因素，然后从中提取衡量指标的方法。

运用 KRA 法确定 KPI 时，通常要考虑下面几个问题。

（1）目标都包括什么？

（2）目标需要达到什么结果？

（3）目标成果可分为哪几部分？

（4）为了实现目标，我们具体要做什么？

这些问题回答好了，KPI 也就确定了。

CSF（Critical Success Factors）法，即关键成功因素法。运用 CSF 法建立 KPI 时，首先要找出实现绩效目标的各种成功因素，从中找出最重要的，再制定衡量指标，最终确定 KPI。

运用 CSF 法确定 KPI 时，通常要考虑下面几个问题。

（1）我们怎样做才能成功？

（2）哪些因素会影响成功？

（3）我在哪方面有不足？怎样来弥补不足？

KSO（Key Strategic Objectives）法，即关键策略目标法。与 KRA 法、CSF 法不同，运用 KSO 法建立 KPI 时，着眼点在于实现绩效目标的工作方法，先要提取衡量这些工作方法实现的指标，然后再确定 KPI。

运用 CSF 法确定 KPI 时，通常要考虑下面几个问题。

（1）实现绩效目标的工作方法是什么？关键点是什么？

（2）第一步要做什么工作，达到什么要求，接下来还要做什么？

（3）为什么要这么做？

鱼骨分析法，又叫因果分析法。这种分析方法首先是找出关键问题，然后找出影响关键问题的各方面因素，并将它们与关键问题一起，按照逻辑顺序整理成主次分明、条理清晰的图形，图形很像鱼骨，所以叫鱼骨分析法。

制定 KPI 关键绩效指标考核法，首先要根据公司的战略目标，通过鱼骨分析法，发现公司最注重的结果，这也是衡量公司价值的标准。确定公司最注重的结果以后，再找出决定这些结果的 KPI，这样，就确定了公司的 KPI。

公司的 KPI 首先要分解到各部门，然后由部门分解给每一名员工，分解过程层层推进、相互支持。最终，每个部门的KPI、每一名员工的KPI都通过定量或定性的方式确定下来。

部门KPI也可以通过鱼骨图分析法建立，下面我们以具体案例来分析公司的KPI是如何分解的。如图8-1所示，这是一家食品公司的KPI鱼骨图。

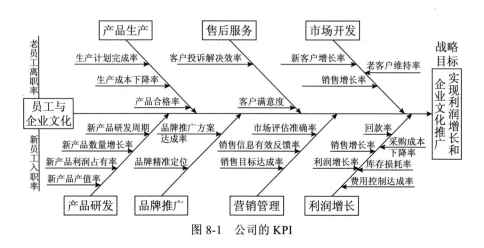

图 8-1　公司的KPI

公司的KPI可分解到销售部、客服部、研发部、生产部等各部门，各部门也能够制作自己的KPI鱼骨图，如图8-2、图8-3、图8-4、图8-5所示。

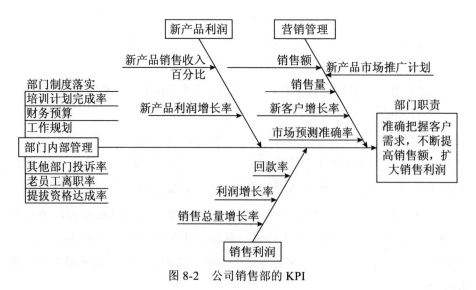

图 8-2　公司销售部的KPI

第 8 章 绩效考核方法：KPI + BSC+ MBO + 360° 157

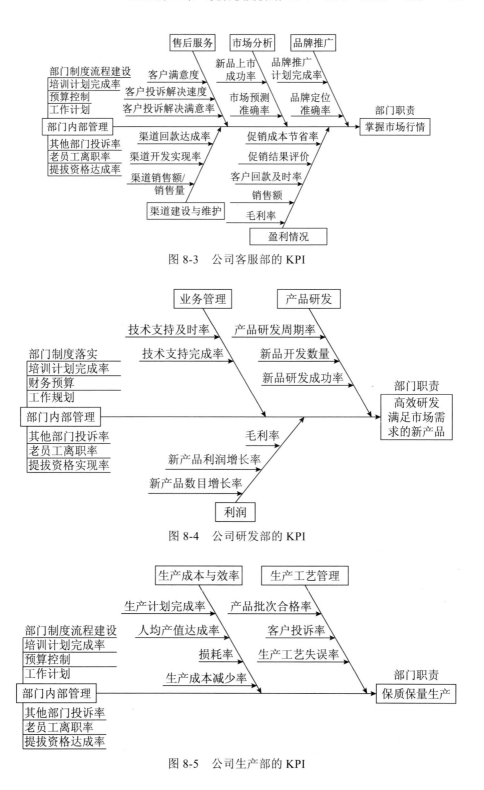

图 8-3　公司客服部的 KPI

图 8-4　公司研发部的 KPI

图 8-5　公司生产部的 KPI

通过以上案例，我们可以概括出利用鱼骨图分析法确定部门 KPI 的具体步骤。

首先，确定部门主抓业务，确定它们的影响因素以及与公司战略目标的关系；其次，确定主抓业务要达到什么样的标准，找出达到标准的关键因素以及满足这些因素需要的策略、方法；最后，确定部门的 KPI，判断实现 KPI 的可行性。

8.1.2 落实 KPI 绩效考核

部门 KPI 制定之后，各部门的管理人员就要将部门 KPI 进行分解，确定实现 KPI 的各要素，如技术手段、财力、人员配置等，制定相应的工作流程，确定绩效考核方法。随后，各管理人员要将部门 KPI 进一步分解，细分为各职位的 KPI。其中，各职位应负责任都有相应的 KPI 来界定，员工的 KPI 能够反映员工对本部门和公司具有多大价值，这些 KPI 就是考核本部门员工的依据和重点。

部门 KPI 体系的建立和细分的过程，也是让所有员工一起围绕公司整体战略规划努力提高绩效的过程，也必将提高各部门管理人员的绩效管理工作效率。

管理人员通过本部门的 KPI 确定下属员工的工作目标，唯有如此，才能确保每一名员工的努力方向都合乎公司要求。但是，这并不等于说每个职位的员工只需要实现某一个部门 KPI。因为越基层的职位，越难以和部门 KPI 相对应，然而，基层职位同样要对部门 KPI 作出贡献。

每一个职位都会对公司的业务流程产生或大或小的影响。管理人员在为员工制定工作目标及相应 KPI 时，应综合考虑这名员工能否控制这些 KPI，如果不能控制，该项 KPI 就要舍弃。例如，新产品初试能否成功由研发部与生产部共同决定，这项 KPI 就不能作为研发部员工绩效考核的指标，而可以作为本部门管理人员或公司高层管理人员的 KPI。

使用 KPI 关键绩效指标考核法最终是为了实现公司组织架构的高度直观化，要求从提高的角度出发，精简多余部门、多余流程以及不必要的资源投入。通常来说，在一个公司里，没有完全一样的两个职位，但不同职位可能性质相同或相近,如本节开头的案例所述,隶属于销售部的销售专员和隶属于客服部的市场专员,都要对市场作出准确预测,在这种情况下,就可以利用市场预测准确率这一KPI进行绩效考核。

此外,隶属同一部门、职位相同的两名员工,KPI虽然相同,但如果工作经验和业务能力不同,就需要制定不同程度的KPI。

绩效管理最主要的目的是让员工知道公司需要其做到什么,以及要怎样做、其工作报酬如何,而管理人员能够回答员工的前提是自己清楚地了解部门KPI都包括什么。同时,主管还要知道员工的能力和素质,以便合理分配工作和制定KPI的实现标准。

绩效考核是整个绩效管理工作中的重要一环,绩效考核主要有两个目的:一是帮助员工提高和改进绩效;二是为员工作出价值评定。我们如果通过KPI能够正确界定每个职位,就会发现,从事这些职位的员工的薪酬,并不取决于职位。绩效考核面向的是员工实现的价值,要求做到公平、公正,因为绩效考核涉及员工切身利益。

KPI关键绩效指标考核法要求管理人员的评定要力争准确,同时,对相同情况员工的考核要做到一碗水端平,这对从事行政工作和一线生产工作的员工来说比较容易。因为从事这一类职位的员工能够很快创造价值,同时,能够清晰地对KPI作出评判,工作也往往是周而复始的。但是,很多职位内容不具有周期性,或者需要较长周期来创造价值,这时候,就难以作出客观、准确的评判,如从事技术研发的员工、从事市场调研的员工等。

当然,也可以实现二者的统一,那就是着眼于绩效的不断提高和改进,而在评判时要制定公司内部整齐划一的评判标准。这样既能确保评判的公平公正,又能确保员工实现高水平的绩效,进而获得较高的薪酬与认可。评价员工的绩效,KPI是基础,它提供评判的数据、根据以及侧重点。

KPI强调通过工作成果来反映工作能力,看的是被考核员工在正常状态下的工作能力。公司在招聘新员工时要求某些工作能力,实际上隐含了公司要求新员工能够实现的工作目标,这也是公司期望的价值所在。KPI关键绩效指标考核法主要的形式是举证,以员工的工作成果来证明员工的工作能力达到了同行业的普遍标准,或者让员工意识到与普遍标准的差距,这就做到了直观、客观、公平、公正。

在绩效考核过程中,管理人员与被考核的员工往往存在敌对情绪,员工往往会对考核标准、管理人员的评语及批评的方式提出质疑,结果,非但没有提高员工绩效,反而会造成管理人员与员工之间的矛盾。

此问题的根源在于管理人员与被考核员工没有正确界定自己在绩效考核中的角色。员工把管理人员视为"监工""裁判""评委",而管理人员把员工视为"下级""队员",这样从一开始就从内心失去了平等地位,产生对立也就在所难免。而KPI关键绩效指标考核法,将管理人员与被考核员工置于平等地位,绩效考核过程也是大家共同学习、共同提高的过程,形成相同的价值取向——提高员工的绩效能力,实现或超过行业的普遍标准。

这种平等关系首先体现在制定评判标准上,KPI要求每一个绩效评判标准必须是管理人员与员工双方经过沟通后达成共识的结果。通过对行业普遍标准的认识,双方有了相同的目标,这就能够让员工明确努力方向,按照普遍标准去履行自己的职责,也为将来的评判提供了标尺。

采用KPI关键绩效指标考核法时,管理人员必须要重视KPI,做到管理优化,考核要有专人专员,建立起配套的管理模式。吃透KPI的内涵、多角度地收集数据,公正地分析以及在后期工作中不断跟进,这是KPI关键绩效指标考核法应用成功的基础。同时,对员工进行各类培训和引导,有助于KPI关键绩效指标考核工作的推进。总之,借鉴KPI及其绩效考核的思想与方法,不但能够使公司优化管理,还能够使公司建立、健全绩效管理体系。

8.1.3 A施工公司KPI绩效考核方案

任何一个企业想要成功,都必须有以业绩为导向的企业文化和企业管理体系,因此,如何建立公正、有效的绩效考核体系,是企业迈向更高管理水平的重要一步。而KPI关键绩效指标考核法具有绩效指标明确、易于评判的优点,适用于各种规模的企业。那么,KPI关键绩效指标考核法如何具体运用到公司管理之中呢?本节以某施工公司的KPI绩效考核方案作为案例加以分析。

A公司是某集团公司控股的子公司之一,是由原来的工程队改制而成的有限责任公司,具有典型的国有施工企业的一般特征和大多数施工企业绩效管理工作所具有的普遍性。

A公司的公司级KPI的建立,主要立足于对企业战略目标的细化分解,提炼关键成功要素(Key Success Factory,KSF)。它是A公司根据自己的战略方向和经营实际,通过横向、纵向分析对比确定的。A公司KSF总结为六个方面:人力资源、工程质量、工程利润和成本控制、对外关系的协调和技术创新。

人力资源属于企业的学习与成长层面,表8-1是A公司人力资源部门的KPI关键绩效指标考核方案。

表8-1 A公司人力资源部门的KPI关键绩效指标考核方案

关键绩效指标	指标定义/计算公式	数据来源
个人培训率	实际参加培训次数/规定应参加培训次数×100%	培训出勤记录
部门培训计划完成率	部门培训实际完成情况/计划完成量×100%	部门培训记录
提出建议的数量和质量	领导认可的新产品建议的数量和质量	上级领导评价
公司内勤培训规划的制订与实施	制订公司总体及各岗位培训规划,并组织实施	上级领导评价
员工自然流动率	离职人数/现有人数×100%	人力资源部
创新建议采纳率	被采纳的创新建议数量/部门建议总数量×100%	创新建议采纳记录
培训种类	培训种类总计	培训种类记录
员工培训与激励满意度(包括培训计划完成率、员工激励等)	满意度调查表评分	中心综合管理部组织评估
项目开发部员工满意度	调查问卷评估	中心综合管理部组织评估
研究项目创新及项目规划、组织	总经理评估标准	中心综合管理部组织评估
培训与研讨参与率	实际参加培训与研讨的员工数/规定应参加培训与研讨的总人数×100%	培训研讨出勤记录
培训参与率	实际参加培训的员工数/规定应参加培训的总人数×100%	培训出勤记录
员工满意度	综合管理部经理评估标准	综合管理部组织评估工作

就 A 公司这样的施工企业而言，人力资源大体可以分为三类：工程技术管理人员（包括项目经理和一般技术管理人员）、行政管理人员和技术工人。施工企业中，工程项目部是带来直接利润的核心部门，因此，处在这个团队核心的管理者是企业最重要的关键人力资源。除此之外，对技术工人的培训也是重中之重，因为技术工人是项目工程的直接完成者。

因为考核必须公平、可操作性强，因此，绩效考核应由最了解业务的经理（或主管）负责，由高层领导定期参与。为确保评估的全面性与公正性，中层管理干部的评估包含三方面：工作绩效、综合素质与自我评价，而普通员工则用综合评估来考核。中层以上领导综合考核表示例如表 8-2 所示。

表 8-2 中层以上领导综合考核表

考核项目	权重	考核内容	考核等级			
			好	较好	一般	较差
工作实绩评价	30%	岗位职责完成情况				
		公司下达的任务完成情况				
		年度工作目标完成情况				
素质评价	30%	思想理论水平：能掌握政策与规章制度并指导工作				
		本职业务能力：熟悉本职相关业务，高效完成业务				
		组织协调能力：合理安排工作，协调其他部门关系				
		调研综合能力：组织调查研究，提出对策				
		用人能力：指导下级工作，并对下级作出公正评价				
		口头表达能力：逻辑清楚，有说服力				
		文字表达能力：独立完成各种文字工作				
		法纪观念：廉洁奉公，遵守并维护法纪				
		改革创新能力：接受新事物，工作有创造性与创新意识				
自我述职评价	40%	自我评价客观，认真分析自身问题				
		有明确的发展方向，整改措施切实可行				
综合评价等级						

工程质量是施工企业的生命线和生存保证，是企业赖以生存和发展的基础。它可以通过企业内部技术工人的成长来实现。

施工类企业由于部门多，人员复杂，绩效管理工作难度很大。但只要战略清晰，明确公司、部门和各岗位主要工作，就能形成各层级的 KPI，继而形成整个公司的完整的 KPI 体系。

8.2　BSC 平衡计分卡考核法

BSC（Balanced Score Card），即平衡计分卡，是一种全新的公司评估体系。BSC 打破了公司过于看重财务指标的传统思想，将公司的发展战略具体化为可行目标、可测指标和目标值。

8.2.1　BSC 简介

BSC 认为，财务指标具有局限性，还不具有前瞻性，公司应从四个维度衡量自己的发展战略：财务、客户、运营、学习。四个维度的具体内容如图 8-6 所示。

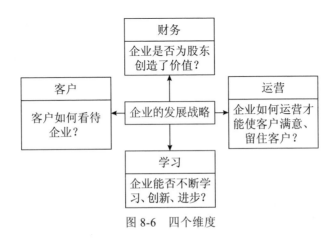

图 8-6　四个维度

BSC 以这四个维度对公司的绩效管理进行全面评价，不仅避免了以往仅仅依靠财务评估方法的迟滞性、短视性以及局限性等诸多问题，而且科学地将公司战略管理与绩效管理统一起来，其具体实施步骤如下所述。

（1）以公司发展战略为指导思想，兼顾综合与平衡，依据公司组织架构，将公司战略目标细分为各部门在财务、客户、运营、学习四个方面的具体目标。

（2）依据各部门在财务、客户、运营、学习四方面的具体目标，确立相应的绩效评估指标体系，这些指标围绕公司发展战略制定，平衡了公司的长期发展与短期目标、内部与外部利益，综合考虑绩效的财务与非财务两方面信息。

（3）由所有部门共同拟定各项指标的评分标准。通常是将各项指标的期望值与实际值作对比，确定误差范围，从而制定出评分标准。通常，考核周期以季度或月度为限，将各部门在财务、客户、运营、学习四个方面的工作目标完成情况进行综合评分，根据评分适当调整战略方向，或调整原定工作目标与绩效评估指标，确保公司发展战略顺利实现。

总的来说，BSC 体现了公司全方位的平衡：财务与非财务标准的平衡、长期发展与短期目标的平衡、结果与过程的平衡、管理与运营的平衡，等等。因此，BSC 能够反映公司的总体状况，使公司的绩效评估体系趋于平衡和完善，利于公司的长期发展。

8.2.2 HKW 公司平衡计分卡的设计

HKW 公司是一家化工生产公司，公司的市场有两部分：一部分是零售，零售商一般要求产品供应及时、产品质量符合要求；另一部分是大宗产品交易，客户对产品需求量很大，并且希望与公司长期合作。为了应对不断增长的市场需求，公司高层制定了新的发展战略，要求在未来 5 年内，公司排名达到业内前三。

基于以上发展战略，HKW 公司运用 BSC，制定了财务、客户、运营、学习四个维度的战略目标和相应的绩效评估指标，如图 8-7、表 8-3 所示。

第 8 章 绩效考核方法：KPI + BSC + MBO + 360°

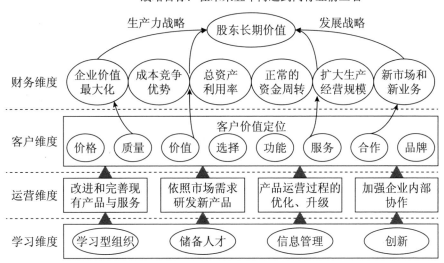

图 8-7 基于 BSC 的 HKW 公司战略目标分解图

表 8-3 公司的战略目标与相应评估指标

维度	战略目标	评估指标
财务	实现公司价值最大化	总资产收益率
	降低成本	成本利润率
	提高资本利用率	总资产周转率
	确保流动资金正常周转	盈余现金保障倍数
		负债率
	持续、稳定地扩大公司生产和经营规模	经营收入增长率
	开拓新市场、发展新业务	新业务收入增长率
客户	提供高性价比、有创新性的产品及优质服务	客户满意度
	开发大客户	大客户增长率
	生产行业领先、客户认可的产品，确立公司品牌优势	品牌认可度
运营	改进和完善现有产品与服务	质量提升能力
	依照市场需求研发新产品	科研能力
	产品运营流程优化升级	流程优化能力
	加强公司内部的部门协作，提高资源调配效率	内部客户综合满意度
学习	打造学习型组织，提高员工的业务能力和综合素质	员工提升能力
	培养、引进关键岗位的储备人才	人才储备能力
	构建并推进公司管理的信息化建设	信息化程度
	培养员工提供新方法、新产品、新思路的能力	创新能力

在这个案例中，BSC 的制定非常科学、合理，财务、客户、运营和学习四个维度的战略目标和相应的绩效评估指标，彼此之间关联密切、因果关系清晰，有效传递了公司发展战略，值得学习和借鉴。例如，经营收入增长率是财务维度的绩效评估指标，实现这个指标需要老客户对公司的产品满意，还需要开发新的大客户。因此，在客户维度中，客户满意度和大客户增长率作为两个重要的评估指标被列入 BSC 中。

那么，怎样去维持老客户、开发新的大客户呢？改进和完善现有产品与服务是一个重要方面。同时，市场不断变化，只有不断研发新产品，才能满足客户新的需求、让客户满意。因此，质量提升能力、科研能力成为运营维度的重要评估指标。

只有提高员工的业务能力和综合素质以及培养和引进人才，才能实现产品与服务的改善，才能研发出新产品，而这两方面都是学习维度的战略目标。

8.3　MBO 目标管理考核法

MBO（Management By Objective）法，称为目标管理考核法，即依照具体指标和评价方法来界定员工完成工作目标的绩效考核方法。MBO 法是目前众多公司经常采用的绩效考核方法，因为它能够将员工价值观与公司的战略目标统一起来。因此，公司采用 MBO 法时，必须明确责任级别和分目标，并将其作为公司绩效考核的标准。

8.3.1　MBO 考核法的步骤和注意事项

实施 MBO 法时，需要四个步骤。

（1）确定绩效目标。在这个过程中，需要公司上下通力合作，管理人员与被考核员工分层级共同确定绩效目标。绩效目标既包括预期结果，又包括实现的方式、方法。

（2）确定绩效指标的主次程度及时间规划。绩效目标确定后，就要制定一系列相关的绩效指标。在这个过程中，一定要分清主次，确定工作的重要性和迫切程度，还要平衡各方面关系，合理利用资源，做好时间规划。

（3）定期考核。绩效考核要有固定周期，通过考核总结绩效目标实现过程中的经验教训。这一过程有助于公司安排相关的绩效培训，还有助于调整下一次考核的各级绩效指标。

（4）制定新的绩效目标。这是最后一步，只有实现本期绩效目标的被考核员工才能参与制定下一期的绩效考核目标，并确定实现方法；未达到本期绩效目标的被考核员工，要与管理人员充分沟通，分析未达到目标的原因并制订相应的解决方案，然后才可以参与制定下一期的绩效考核目标。

在准备实施 MBO 法时，还要注意以下两方面问题。

首先，公司要考虑自身情况判断是否适合目标管理法。如果公司规模很小，员工人数较少且分工明确，那么运用 MBO 法反而会让工作变得复杂，影响效率。

其次，实施 MBO 法要坚持不懈，做到定期化。公司要将 MBO 考核纳入日常性管理工作中，无论是哪个部门，也无论考核周期长短，都必须实现目标管理的制度化、规范化，要重视平时的考核和绩效水平的改进。

MBO 法确实有很多优点，但并不是万能的。在实践过程中，公司必须充分考虑其他方面的因素，如公司经营计划、公司文化、人才结构等，只有将各方面因素结合起来，才能有效发挥 MBO 法的作用。一味地生搬硬套，只会使公司目标管理和绩效管理陷入僵局。

8.3.2 MBO 考核法在凌志软件股份有限公司中的应用

凌志软件股份有限公司（以下简称凌志软件公司）创建于 2003 年，经过 10 多年打拼，公司已成为各大电商、金融、保险等公司重要的 IT 外包服务供应商和战略合作伙伴之一。

公司员工有 75% 以上是软件研发人员，公司原有的绩效管理存在诸多问题。

（1）绩效管理没有系统化。凌志软件公司虽然建立了绩效管理制度，但并未形成从公司、部门到员工的一整套绩效考核体系。

（2）绩效指标过于量化。公司设定绩效指标时忽视了员工的个人诉求，绩效指标最后几乎都以数字形式呈现，让员工觉得十分生硬。

（3）绩效目标制定过于短期化。凌志软件公司在制定绩效目标时缺乏远见，没有考虑到长期发展。过于短期化的绩效目标会产生短期行为，进而损害公司的长期利益。

针对绩效管理中存在的问题，公司开始推行 MBO 绩效考核法，主要从以下五个方面展开。

（1）绩效考核周期的确定。公司的绩效考核分季度与年度进行。季度考核从第一个月的 1 日开始至第三个月的最后一天截止；年度考核从当年的 1 月 1 日开始，至 12 月 31 日结束。

（2）绩效考核目标的设定。对于员工的绩效考核目标，公司将其分为硬性目标和关键性目标两类。硬性目标要尽可能量化，不能量化的，也分解成了可衡量、易实现、可评估的阶段性目标；关键性目标则考虑到各部门月度或季度的工作重点，从而明确被考核员工的工作重点、应实现的结果等，以便根据具体情况进行考核。某公司销售专员 MBO 第三季度考核表和某公司会计 MBO 第三季考核表示例如表 8-4、表 8-5 所示。

表 8-4 公司销售专员 MBO 第三季度考核表

部门：销售部		职位：销售专员		姓名：	
工作任务和绩效目标	权重	任务完成步骤及详细计划	完成时间	任务完成目标值	所需支持和配合
了解、遵守公司制度和政策	20	• 熟悉公司各项规章制度和政策，定期参加制度、政策培训	9 月 30 日	熟悉、掌握和执行，无违反	• 政策文件 • 市场部主管
完成月度工作计划和工作总结	30	• 收集和整理本月销售数据和客户数据 • 文字录入、制作 PPT	9 月 30 日前	按公司统一的内容框架和格式要求，内容详细，无遗漏和差错，	• 统一文件模板 • 销售内勤 • 人力资源主管
填写销售日志	10	• 依据月度计划制订周计划 • 按周计划填写工作日志	9 月 25 日前	字迹清晰，无遗漏，及时上交	• 销售部主管 • 人力资源部主管
订单填写与通知	10	• 认真询问并记录客户申请服务的详细内容 • 按规范的书面记录填写并通知内勤主管	9 月 30 日前	填写或通知清晰、准确，无差错	• 内勤主管
配合做好客户服务投诉处理工作	30	• 与客服部沟通，了解详细情况并做好时间安排	9 月 25 日前	积极配合，顺利按计划完成	• 客服部
被考核员工签字：			主管上级签字：		

表 8-5 公司会计 MBO 第三季度考核表

部门：财务部		职位：会计		姓名：	
工作任务和目标	权重	完成步骤及计划	完成时间	任务完成标准	所需支持和配合
日常账务的整理和录入	30	• 整理票据、登记手工账，录入计算机	9月30日	账务准确、及时，无拖延、无疏漏	
报税	10	• 8月30日前完成损益表和税务计算，9月1日填写税务登记表，9月2日去税务局报税	9月5日前	准备充分、按时完成	
统计销售欠款	10	• 制定销售欠款明细表（备查）	9月30日前	严格审核，控制欠款	
应收账款报表	10	• 9月27日审核并核查各项应收账目，9月28日制定应收账务报表及欠款说明	9月28日	报表准确、全面，无疏漏和差错	
产品销售明细表及利润明细表	10	• 9月25日汇总各销售报表 • 9月26日核查报表 • 9月27日编制明细报表	9月27日	账务核对及时、准确，报表准确、按时上报	• 销售内勤 • 运营内勤
上报财务三大报表	15	• 登记、整理和审核各分类账务，9月28日编制财务报表	9月28日	账务核对及时、准确，报表准确、按时上报	• 出纳
与其他公司往来账务对账工作	15	• 9月10日与其他公司财务人员沟通，确定对账时间和账务要求 • 9月12日完成账务核对	9月12日	按时完成，要求账务相平，并作相应的账务调整和规范	• 其他公司财务人员
被考核员工签字：			主管上级签字：		

（3）绩效考核指标权重的设定。绩效考核目标作出调整时，相应指标权重也可适当调整，但必须经被考核员工与管理人员确认。对于公司临时安排的工作，被考核员工要与管理人员达成共识，纳入季度工作目标。

（4）工作目标的实施与辅导。绩效考核的目标、指标、权重确定后，管理人员通过被考核员工的工作日志、工作周报等资料进行监督与辅导。

（5）考核结果的确认与反馈。管理人员在肯定被考核员工工作成果、提出改进方案的基础上，经双方达成一致意见，以文字形式签字确认。

凌志软件公司的 MBO 考核法经过尝试及不断改进，终于取得佳绩：2017 年，公司销售额达到 5 亿元，员工离职率仅 4%，员工满意度提升到了 83%。同时，也有效降低了公司各项成本，提升了公司在同行业中的竞争力。

凌志软件公司这一成功案例给我们的启示。

（1）MBO的"目标"要准确把握。目标必须是公司上下一致认可的，目标一致了，形成全员目标管理，公司目标才能够实现。

（2）让员工发挥自我控制力。管理人员对员工的控制不是员工的工作本身，而是控制员工的工作态度和工作动机。

（3）必须管理目标过程。管理人员必须注重与被考核员工的沟通并加以辅导。沟通能够了解员工工作过程中的心态变化和可能遇到的困难，辅导能够避免员工在工作过程中出现疏漏。这样就可以不断提高员工的业务能力和绩效能力，使他们更积极地投身于工作。

在移动互联网时代，推行MBO考核法并不是一朝一夕的事情，既要有科学的方法，还要善于把握机会和风险。MBO考核法要将公司、部门、员工个人的目标统一起来加以管理，"全民皆兵"，共同参与到公司目标的实现中来，也只有这样，才能够真正将MBO考核落到实处。

8.4　360°考核法

360°考核法是常见的绩效考核方法之一，适用于中层以上的员工考核。这个考核法最早由英特尔公司提出并加以实施运用。它从不同角度获取公司员工工作行为表现的资料，然后对获得的资料进行分析评估，在分析讨论考核结果的基础上双方讨论，制定出下年度的绩效目标。

8.4.1　360°考核过程

360°考核法又叫全方位考核法，该方法的特点是考核维度多元化。员工不仅通过管理人员和自身，还能通过同事、客户等多个主体来了解自己的工作绩效，听到不同的声音，发现自己的优点和缺点，最终提高绩效。

360°考核法优点显而易见，那就是员工的绩效能够获得全方位的评估，容易实现客观、公正。同时，通过多渠道的反馈，可以促进员工提高业务能力和职业素养，有利于公司进步和团结。它的缺点是考核比较耗时耗力，也可能存在不公正的评估，还需要员工具有相关的绩效知识。

员工如果想了解外界对自己的绩效评估、了解自己和别人的评估有多大差异，就可以提出来做360°绩效考核。当然，360°绩效考核一般适用于工作年限较长的老员工和中层以上管理人员。通常来说，进行360°绩效考核时，要把被考核员工的上级管理人员、同级同事、下属员工、客户作为四组参评人员，他们平时都要与被考核员工有较多接触，每组不少于3人。公司经过沟通、分析后，出具报告给被考核员工。

360°绩效考核的主要内容是公司经营理念、经营计划等，各组参评人员基于对被考核员工的了解作出评判，并填写问卷。问卷题目分为两种：一种是等级量表，让参评人员给出分数；另一种是开放式问题，让参评人员自己写出评价意见。

问卷中的每一个题目，不同组参评人员可能会给出不同分数与评价意见，公司会将各组参评人员的评判综合起来，加以分析，得到对被考核员工的考核结果。目前，很多公司大多要委托第三方专门公司进行360°绩效考核，因为这里涉及很多技术问题，专门公司有成熟的技术和专业的人员配备以及丰富的经验，成功概率很高。

具体来说，360°绩效考核分为以下五个步骤进行。

（1）确定360°绩效考核的各组参评人员。这里要强调的是对于参评人员的选择，可以由被考核员工自己选择，也可以由领导层指定（但必须要得到被考核员工的同意），这样才能确保被考核员工对考核结果的认可。

（2）对参评人员进行培训和指导。可以组织讲座，也可以单独辅导，主要是培训和指导参评人员如何对他人作出反馈评价。

（3）执行360°反馈评价。这是最关键的一步，要加强对考核的严格监督与质量管理。从问卷的拆封、发放开始，到给参评人员答疑，直到收回问卷和密封问卷，整个考核过程要做到程序化和标准化。执行过程没有做好，考核结果的有效性也就无从谈起。

（4）统计问卷结果并生成报告。目前，已经有专业软件统计360°绩效考核的评分数据并给出考核结果，考核结果会以多种统计图表的形式生成，直观性很强。

（5）向被考核员工提供反馈。在考核完成以后，要根据考核结果向被考核员工提供反馈。通常情况下，这一步由被考核员工的上级领导、人力资源管理人员或相关专家面对面提供反馈，内容主要是分析被考核员工哪里做得好，哪里还有不足，分析原因并指出改进方法。

我们也要看到，360°绩效考核的出发点是帮助员工看到自己的不足之处，有针对性地改进绩效，并为未来更好地工作指明方向，当考核会涉及员工薪酬时，则要慎用。

8.4.2 柳桥羽毛有限公司的360°绩效考核案例

柳桥羽毛有限公司隶属于柳桥集团，从事羽毛、羽绒供应是我国的500强民营公司。公司经过多年摸索，逐渐将工作重点转向了绩效管理。

2017年，经过研究和讨论，公司拟定了针对部分部门经理的360°绩效考核方案，方案内容如表8-6所示。

表8-6 柳桥羽毛有限公司的360°绩效考核方案

流　　程	具体内容	责任部门
考核参评人员人数与分组	分成上级、同级、下级、客户共四组	公司高层
召开讨论会	公司高层与被考核员工讨论具体参评人员，最终制定参评人员名单	公司高层、监察审计部
组织、执行考核	制定好问卷，将问卷下发到参评人员手中，并严格监督整个考核流程	监察审计部、第三方专家
上交考核表格	收好每位参评人员做好的问卷，并直接上交至人力资源部	监察审计部
统计	对上交的问卷进行统计，给出考核结果，并上交总经理审批	人力资源部、第三方专家、总经理
反馈	针对考核结果，进行面对面反馈与沟通	人力资源部、总经理

参评人员的选择本着"谁了解谁参评"的原则，共选出15人，具体人员组成如下。

上级：3人（总经理1人、副总经理2人）；

同级：其他部门的部门经理3人；

下级：被考核部门经理的下属员工5人，共同工作时间均不少于2年；

客户：内部客户中选出4人，与被考核员工合作时间均不少于3年。

确定好参评人员后，由监察审计部与公司委托的第三方专家制定问卷，从职业能力与职业素养两方面进行考核，权重分别为65%和35%。问卷内容如表8-7、表8-8所示。

表8-7 职业能力考核

能力项	能力类型描述				能力评估
说明：请对照被考核对象平时的行为表现，判断他们的行为属于1、2、3、4中的哪一种，将对应的数字1、2、3、4填入最右一列。					
	1	2	3	4	
领导能力	懂得分配工作，能够指导员工完成工作	能够顺利分配工作，有效指导员工完成工作	善于分配工作，并能够积极、有效指导员工提前完成工作，具有一定的风险防范意识	分配工作收放自如，指导员工独立完成大部分工作，具有风险防范意识，能够事先做好应对预案	
决策能力	能够在上级的指导或协助下，作出相关决策	能够对下属提出的一般性建议作出决策，并能够向上级提供一般性合理决策建议，能够考虑到决策所需的重要因素	能够对下属提出的重要建议作出决策，或能够向上级提供重大的合理决策建议，并能够对影响决策的因素进行全面分析	能够在复杂的情况下作出全局性的正确决策	
沟通能力	能够为工作事项进行沟通或简单口头交流	能够与同事和客户进行较为清楚的沟通，能够抓住重点	沟通技巧较高，具有较强的说服力、影响力和感染力	沟通时有较强的个人魅力、影响力与感召力	
计划能力	能够针对工作内容制订工作计划，合理安排本部门工作	能够合理制订某工作计划，并能够利用工作计划进行有效的团队管理	能够有效制订具有前瞻性的工作计划，预先分配时间及其他资源	能够全面制订工作计划，预测准确，能够对计划执行进行深入分析并及时作出调整	
创新能力	在解决问题时，不墨守成规，经常找到新方法	能够恰当地质疑现有的解决问题方法，能够从新视角来看待问题	能够综合各种解决问题的方法，制定新的解决方法，或提出可行性建议	能够多方面征求大家意见，创造性地解决问题，或形成新的观点	

续表

能力项	能力类型描述				能力评估
	1	2	3	4	
监管能力	清楚地分配具体工作内容、任务和职责范围，了解完成该项工作过程所需监管的关键环节	能够结合下属员工的能力、个性等分配工作任务，预先判断工作中可能出现的问题，能够根据工作进展情况及时提供必要的协助和回馈	能够在恰当的时候给予下属员工或团队辅导，并能够灵活调整工作任务和进度，以应付工作重点的转变	能够从全局把握工作进展，通过多渠道监管各方面的工作质量，能够预见并制定出工作重点转变时应该采取的关键策略，重新配置和协调各种资源以保证工作完成	
团队建设能力	能够协调部门内部关系，完成工作目标	能够协调部门内部关系以及与其他部门的关系，完成较为复杂的工作目标	能够组织跨行业或跨部门的团队，明确团队目标，协调各方面关系，完成复杂的工作目标	能够运用全局性资源，制定明确的团队目标，并发挥团队优势，让团队高效运转，运用分级管理授权，完成全局性工作目标	

表 8-8 职业素养考核

内容	行为描述	出现频率				请列举被考核人实际行为事例来证明您的评价建议（可不写）
		1	2	3	4	
责任意识	爱岗敬业，坚守职业道德					
	对于工作职责范围内出现的风险、疏漏等勇于承担责任，并积极跟进处理					
团队精神	具有强烈的团队意识，工作中能够积极协调配合					
	关心团队建设，在团队利益与个人利益发生冲突时，能够优先考虑团队利益					
主动性	发挥个人的主观能动性，积极、主动地完成工作					
进取心	高标准要求自己，不断挑战自我，不断追求卓越					
诚信	在工作中实事求是					
	在工作中恪守信誉和职业操守					
全局意识	能够站在公司角度考虑整体问题、平衡整体利益					

续表

内容	行为描述	出现频率 1	2	3	4	请列举被考核人实际行为事例来证明您的评价建议（可不写）
抗压能力	在遭受阻力、敌对、压力等负面因素时，能够保持冷静，避免负面情绪及行为					
影响力	在适当的时候采用针对性策略和行动，让别人接受某种观点或采取某种行动					
忠诚度	对公司忠诚，愿意在公司长期发展					
	认同公司文化，始终遵守公司制度和政策					
领悟能力	能够在复杂问题中抓住主要矛盾，能够深挖问题本质					
	能够吸取经验教训，防止同样问题、事故再次发生					
	能够提前察觉潜在危机，并采取相应措施					
学习能力	通过查阅资料、亲自实践等方法迅速获得工作所需要的知识或技能，学以致用					
心理健康	工作中能够始终保持积极、乐观、向上的态度					
	自信但不自负，不求全责备，不怨天尤人					

问卷填写完毕后，由人力资源部和第三方专家在15个工作日之内，共同统计问卷分数，结合参评人员的评价与被考核部门经理的自我评价，给出最终的绩效考核分数。确认无误后，上交公司高层。

考核结果公布后，公司还针对考核结果进行反馈。由人力资源部和总经理与被考核部门经理进行面对面沟通。考核结果出色的，提出表扬和鼓励、给予适当奖励，并召开全体大会号召大家学习；对于考核结果不理想的，也不仅仅是批评，而是给予耐心指导，指出未来努力方向。

公司一开始决定采用360°绩效考核法时，受到了普遍质疑。很多人认为，这种考核方法受制于参评人员的主观判断，缺乏公平性。但事实证明，柳桥羽毛有限公司实行的360°绩效考核取得了预期结果，被考核部门经理在工作中存在的优点和缺点都能在考核结果中体现出来，被考核者对考核结果普遍认可，纷纷表示会在今后的工作中扬长避短，不断提高自己的职业能力和职业素养。

这个360°绩效考核的成功案例给我们的最大启示是：360°绩效考核程序要公平，只有程序公平了，才能保证考核结果的公平。例如，柳桥羽毛有限公司在考核之前专门组织了公司高层和被考核部门经理的讨论会，双方经过讨论之后才确定了具体的参评人员，之后，由公司总经理当众宣读参评人员名单，由监察审计部经理现场公证。因为参评人员都是被考核部门经理认可的，他们自然也会对参评人员给出的评价认可、对考核结果认可。

另外，在评分时，由人力资源部的专员和第三方专家亲自受理，给出考核结果，人力资源部经理亲自审核所有考核结果，总经理还要对考核结果进行终审。公布考核结果之前，除负责考核结果的当事人外，他人无从知晓，这就保证了整个考核过程的保密性和公正性，避免了胡乱猜疑和人际关系压力。

第9章
中基层人员绩效量化考核设计

绩效量化考核实质上就是尽量用量化的数据或指标反映员工的工作业绩。它是一个循环的过程，但由于部门不同，职责与工作性质不同，难以将所有的绩效进行量化处理，因此，要运用科学的方法针对不同层级的不同部门进行绩效量化考核设计。

9.1 中层管理者绩效量化考核设计

中层管理者承上启下，是公司战略目标完成的推动者，影响着员工的工作执行，因此，中层管理人员的工作非常重要，对其进行绩效量化考核能促进管理效率提高，保证公司工作目标顺利完成。

中层管理人员包括生产领域、营销领域、人力行政领域以及财务领域人员，不同领域有不同的绩效量化考核设计方法及标准。

9.1.1 生产领域管理者量化考核设计

关于生产领域管理者的量化考核设计，在本节以生产部门主管绩效考核为例。

在对生产部门管理者进行绩效考核时，要先明确生产部门主管的岗位职责。生产部门主管的岗位职责具体可以分为四个方面，如图9-1所示。

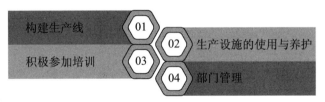

图 9-1　生产部门主管岗位职责

1. 构建生产线

控制生产成本，制订生产计划，确定生产流程，建立、健全生产线，监督、检查生产工作，在安全生产前提下确保生产质量和速度。

同时，根据公司生产计划控制生产进度，合理调配人员与生产设施。

2. 编制物资采购计划

确定公司生产所必需的原料和零部件数量，确保正常生产，尽可能避免库存积压。

统筹公司的生产计划和采购计划，确保生产进程与采购物资到位进程的精准对接。

采购计划确定后安排相关人员严格监督，核实采购物质到位情况，确保采购物资质量与数量均符合计划要求。

3. 设备管理

定期检测、维修、保养生产设施，提高生产设施的使用寿命和利用率。

4. 部门管理

组织一线工人和工长参加岗位培训；协助人力资源部门做好本部门员工的绩效考核工作。

明确岗位职责以后，需要设置生产部门主管的考核指标，然后根据考核指标和工作职责设计相应的绩效考核方案。生产部门主管的绩效考核方案如表 9-1 所示，该考核方案把生产部门主管的绩效考核指标分为财务、运营、客户、学习四个维度，每个维度又细分成若干小指标，每项指标都有相对应的权重和评分等级，在考核时采用自评和上级考核相结合的方式。

生产部门主管的绩效考核目标主要在生产效率和产品质量上，因此生产计划完成率和产品合格率被赋予更大权重。生产部门主管的绩效考核应当以部门绩效目标为基础，合理的量化考核设计会极大提高其主观能动性，使其充分发挥领导作用，提高目标绩效。

表 9-1　生产部门主管绩效考核表

姓名		岗位		时间			
指标维度	量化指标	权重	绩效目标值	考核频率	数据来源		得分
财务	生产成本减少率	10%	达到 ____%	月度/季度/年度	生产部、财务部		
	库存资金占有率	10%	不高于 ____%	季度/年度	生产部、财务部		
运营	生产计划完成率	20%	达到 ____%	月度	生产部		
	产品合格率	20%	达到 ____%	月度	生产部、质检部		
	设备损耗率	5%	不高于 ____%	月度/季度	生产部		
	车间生产率	5%	达到 ____%	月度/季度	车间		
	安全事故发生次数	10%	不高于 ____次	季度	生产部		
客户	投诉率	10%	不高于 ____%	年度	人力资源部		
学习	培训计划完成率	10%	达到 ____%	季度/年度	人力资源部		
量化考核得分合计							
指标说明	1. 生产计划完成率 = 实际生产量 ÷ 计划生产量 ×100% 2. 生产成本减少率 = （上期生产成本 - 考核当期生产成本）÷ 上期生产成本 ×100%						
考核结果核算说明	生产部门主管作为部门负责人，全面管理部门各项工作，其考核也应从定量指标和定性指标（如其他部门满意度等）两方面进行，其二者比例控制在 7：3						
被考核人签字： 日期：				考核人签字： 日期：			

9.1.2　营销领域管理者量化考核设计

关于营销领域管理者的量化考核设计，在本节以销售部门主管绩效考核为例。

在对销售部门的管理者进行考核时，要先明确销售部门主管的岗位职责。销售部门主管的岗位职责具体可以分为四个方面，如图 9-2 所示。

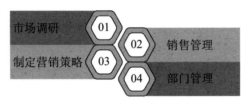

图 9-2　销售部门主管岗位职责

1. 市场调研

市场调研主要职责是调查与分析市场情况、确定产品面向的客户群体；挖掘潜在客户，与新客户建立良好的沟通渠道；了解同行业公司的信息；销售目标的制定与管理。

2. 销售管理

销售管理主要包括销售情况的统计与分析、客户经营情况分析、客户资金状况以及信用情况调查。

还包括接受订单业务的受理、回款、售后服务等。

3. 制定营销策略

制定营销策略主要包括设立客户营销方向、制订吸引客户的营销方案、客户的销售促进指导。

4. 部门管理

部门管理包括定期组织本部门业务能力培训、向新员工讲解产品及销售技巧、陪同或协助员工完成销售目标。

明确岗位职责之后，需要设置销售部门主管的绩效考核指标，然后根据考核指标和工作职责设计相应的绩效考核方案。销售部门主管的绩效考核方案，如表 9-2 所示，该考核方案把销售部门主管的指标分为业务绩效与行为绩效两大模块，每个模块又细分成若干小指标。每项指标都有相对应的权重和评分等级，在考核时采用自评和上级考核相结合的方式。

表 9-2　销售部门主管绩效考核表

姓名			岗 位					
						得		分
	序号	考核项目	权重	指标要求	评分等级	自评	上级	结果
业务绩效	1	销售业绩	30%	每月销售额不低于20万	• 完全达成 40 分 • 达成 90% 以上 30 分 • 不足 90% 为 0 分			
	2	新客户开发数量	30%	每月不低于 10 个	• 10 个以上 30 分 • 超过 5 个，不足 10 个 10 分 • 低于 5 个 0 分			
	3	客户流失率	15%	每月流失的老客户不超过 3 个	• 无流失 10 分 • 3 个以内 5 分 • 超过 3 个 0 分			
	4	培训本部门新员工	10%	每月培训课时不少于 8 个	• 8 个以上课时 10 分 • 否则 0 分			
	5	客户投诉解决	15%	在两个工作日内作出回应	• 按时回应 10 分 • 否则 0 分			
加权合计								
	序号	考核指标	权重	指标说明	考核评分	自评	上级	结果
行为绩效	1	客户关系	25%	1 级：比较及时、准确地为客户提供必要服务 2 级：及时、准确地解决客户需求 3 级：挖掘客户真实需求，并提供相应产品与服务 4 级：深得客户信任，并在维护公司利益前提下去影响客户决策 5 级：将客户利益与公司长远利益统一起来	• 1 级 5 分 • 2 级 10 分 • 3 级 15 分 • 4 级 20 分 • 5 级 25 分			
	2	人际关系	25%	1 级：回应他人求助，维持正常工作关系 2 级：主动与他人建立融洽关系 3 级：社交广泛 4 级：善于交友并能从中提升业务能力 5 级：亲和力强，感染不同层次社会伙伴，成为战略合作方	• 1 级 5 分 • 2 级 10 分 • 3 级 15 分 • 4 级 20 分 • 5 级 25 分			

续表

	序号	考核指标	权重	指标说明	考核评分	自评	上级	结果
行为绩效	3	责任感	25%	1级：承认结果，不过多强调客观原因 2级：勇于承担责任，不推卸、不抱怨 3级：主动着手解决问题 4级：勤于思考，善于优化业务流程 5级：做事有预见，防患于未然	• 1级5分 • 2级10分 • 3级15分 • 4级20分 • 5级25分			
	4	领导力	25%	1级：知人善用 2级：能正确衡量员工付出与回报的一致性 3级：对员工能够作出客观评价 4级：培训的员工经常能够在工作中独当一面 5级：富于人格魅力，对员工有亲和力	• 1级5分 • 2级10分 • 3级15分 • 4级20分 • 5级25分			
	加权合计							
总分	总分 = 业绩考核得分 ×70%+ 行为考核得分 ×30%							
考核人签字：						年	月	日

9.1.3 人力行政领域管理者量化考核设计

人力行政领域管理者的量化考核设计，以人力资源部门主管绩效考核为例。

人力资源部门属于职能部门，在对人力资源部门管理者进行考核时，要先明确人力资源部主管的岗位职责。人力资源部门主管的岗位职责具体可以分为四个方面，如图9-3所示。

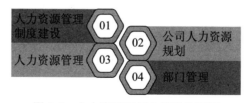

图 9-3 人力资源部门主管岗位职责

1. 人力资源管理制度建设

人力资源部门主管主要职责有参与各项人力资源制度的编写，经总经理审批后执行人力资源管理各项制度。另外，还要定期修订人力资源各项制度，经上层批准后实施对公司员工的各项培训。

2. 公司人力资源规划

每年2月份，主管要制定公司的人力资源战略规划，并监督规划的实施情况。

3. 人力资源管理

人力资源部门主管负责公司内的招聘、培训、绩效考核等方面的管理；管理公司劳动保障和员工劳动关系；对于重要的人事调动决策提出合理化建议。

4. 部门管理

人力资源部门主管负责人力资源部门的预算管理和人力资源部门员工的绩效考核。在这一项职责中，考核主管的重点是人力资源部门预算的合理性和人力资源部门内部员工的满意度。

明确岗位职责之后，需要设置人力资源部门主管的考核指标，然后根据考核指标和工作职责设计相应的绩效考核方案。人力资源部门主管的绩效考核方案如表9-3所示，该考核方案把人力资源部门主管的指标分为业绩指标、管理项目、人才培养、责任绩效四大模块，每个模块又细分成若干小指标。每项指标都有相对应的权重和评分等级，在考核时采用自评和上级考核相结合的方式。

表9-3 人力资源部门主管绩效考核方案

姓名				岗位		日期		
	序号	考核项目	权重	指标要求	评分等级	得分		
						自评	上级	结果
任务绩效	1	业绩指标（50分）	招聘达成	10%	提出招聘需求20天内完成，完成需招聘岗位数量90%以上	在规定时间内完成人员到岗90%以上得10分；在规定时间内完成人员到岗85%以上得5分；其余0分		

续表

	序号	考核项目		权重	指标要求	评分等级	得分		
							自评	上级	结果
任务绩效	2	业绩指标（50分）	劳动纠纷解决	10%	劳动纠纷在第一时间解决，不扩大事端	劳动纠纷解决率100%，未发生劳动仲裁10分；发生劳动仲裁事件0分			
	3		培训完成	10%	按培训计划组织培训人员	培训计划实现率在80%～90%得5分，培训计划实现率低于80%得0分			
	4		绩效薪资计算	10%	每月25号前提交，无差错	按时提交，准确率100% 10分；延时提交或出错0分			
	5		员工奖惩处理	10%	按制度执行，公平公正	按公司制度执行，员工普遍接受得10分；出现员工重大投诉事件或违章处理事件得0分			
	6	管理项目（30分）	人力资源报告	10%	每月27日前按质提交	按时提交，采信度在90%以上10分；按时提交，采信度在80%以上5分；延时提交或采信度低于80% 0分			
	7		工作分析	10%	完成各岗位工作分析，形成工作说明书	完成所有岗位工作分析10分；完成90%以上岗位工作分析5分；不足90%岗位工作分析0分			
	8		员工关系管理	10%	员工日常关系维护，职业生涯规划	员工流失率低于同期10分；员工流失率基本与同期持平5分；员工流失率低于同期0分			
	9	人才培养（20分）	新员工培养	10%	对新员工开展培训，帮助新员工度过试用期	新员工试用通过率在90%以上10分；新员工试用通过率在85%以上5分；新员工试用通过率低于85% 0分			
	10		人力资源专业人才培养	10%	培养主管2名、专员2名	缺少1名扣3分			
	加权合计								

续表

		考核指标	权重	指标说明		考核评分	自评	上级	结果
责任绩效	1	商业保密	25%	1级：明知商业技术及信息的范围及要点 2级：工作期间遵守单位保密协议，并积极宣传正面信息 3级：不进行商业性信息交易，不透露单位核心技术及发展战略 4级：维护公司商业机密并有实际案例 5级：影响他人做好商业保密，离职后五年不脱密的职业操守		• 1级5分 • 2级10分 • 3级15分 • 4级20分 • 5级25分			
	2	承担责任	25%	1级：承认结果，而不是强调愿望 2级：承担责任，不推卸，不指责 3级：着手解决问题，减少业务流程 4级：举一反三，改进业务流程 5级：做事有预见，有防止出现错误的设计		• 1级5分 • 2级10分 • 3级15分 • 4级20分 • 5级25分			
	3	领导力	25%	1级：任命员工合理 2级：能正确评价员工付出与回报协调性 3级：对员工业绩与态度进行客观评价 4级：掌握岗位精确工作技术及全面专家技术并组织实施产生良好效果，培训员工为胜任者 5级：影响力大，员工自愿追随并付出贡献		• 1级5分 • 2级10分 • 3级15分 • 4级20分 • 5级25分			
	4	团队精神	25%	1级：大方传播必要信息助于别人成长或工作 2级：与别人合作不会发生情绪上的隔阂，总能让每一位员工参与会议讨论（目标，决策） 3级：总能选择最佳赞誉方式并授权准确 4级：亲自或协同解决冲突并有好效果 5级：所处团队成员执行工作氛围良好		• 1级5分 • 2级10分 • 3级15分 • 4级20分 • 5级25分			
	加权合计								
总分				总分 = 业绩考核得分 ×80%+ 行为考核得分 ×20%					

9.1.4 财务领域管理者量化考核设计

关于财务领域管理者的量化考核设计，本节以财务部门主管的绩效考核为例。

财务部门属于职能部门，在对财务部门管理者进行绩效考核时，要先明确财务部门主管的岗位职责，财务部门主管的职责分为以下几个方面。

1. 确立、完善公司财会制度

财务部门主管应当依照国家出台的相关法律、法规，结合公司的具体情况，设立和完善公司财会制度，监督财会人员遵守、执行，确立本部门的岗位职责，并做好人员分工。

2. 为公司高层提供财务管理

财务部门主管应当充分分析和提取财会信息材料，使公司高层领导了解经济情况，从而作出经济预测和公司经营计划；财务部门主管还应当结合财务预算参与公司的经营计划；同时，还要从财会视角去拟订和审查重要的经济合同。

3. 公司日常财务管理工作

财务部门主管应当定期组织本部门员工汇总、计算和分析公司各项成本，强化成本管理，并向公司高层领导提供成本控制方案。

4. 按时缴纳税务和其他款项

财务部门主管应当督促本部门员工按时处理公司应缴纳税款和其他款项，要做到按期完成、不拖欠。

5. 定期进行公司资产清算

财务部门主管应当定期组织本部门员工进行公司资产清算工作。通过资产清算，不断完善公司财务管理工作。

6. 本部门人力资源管理工作

财务部门主管要定期组织本部门员工学习相关法律、法规以及财务工作业务，不断提高本部门员工的职业素养。

明确岗位职责之后，需要设置财务部门主管的考核指标，然后根据考核指标和工作职责设计相应的绩效考核方案。财务部门主管的绩效考核方案如表 9-4 所示，该考核方案把财务部门主管的指标分为业务考核与行为考核两大模块，每个模块又细分成若干小指标。每项指标都有相对应的权重和评分等级，在考核时，要采用自评和上级考核相结合的方式。

表 9-4　财务部门主管绩效考核方案

姓　　名				岗　　位				
	序号	考核项目	权重	指标要求	评 分 等 级	得分		
						自评	上级	结果
业务考核	1	财务报表审核报送	10%	财务报表在规定期限内报送，无差错	• 按要求完成 10 分 • 不按时报送或错报 0 分			
	2	提交财务分析报告	15%	每月 20 日前按标准出具本月财务分析报告	• 按要求完成 15 分 • 按时提交报告，但报告质量采信度较差 10 分 • 未按时提交或报告不准确 0 分			
	3	财务预算管理	20%	每月 2 日出当月财务预算，预算结果与实际情况误差在 5% 以内	• 按要求完成 20 分 • 误差率高于 5%，不高于 10%15 分 • 误差率高于 10% 或无预算 0 分			
	4	合理避税额	5%	在法律许可范围内，纳税额不高于同等规模的同行业水平	• 按要求完成 5 分 • 未完成 0 分			
	5	财务核算	15%	每月 25 日前完成财务核算，无偏差	• 按要求完成 15 分 • 有轻微偏差，不影响整体数据 10 分 • 出现严重偏差 0 分			

续表

	序号	考核项目	权重	指标要求	评分等级	得分		
						自评	上级	结果
业务考核	6	财务票据完整度	5%	财务票据无丢失、损毁情况发生	• 按要求完成5分 • 有票据，但不完整0分			
	7	财务体系构建	10%	优化了财务体系	• 财务体系完善度不低于90% 10分 • 财务体系完善度高于80%，低于90% 5分 • 财务体系完善度低于80% 0分			
	8	财务信息管理	10%	资料齐全，无外泄	• 按要求完成10分 • 资料丢失或外泄0分			
	9	财务专业人才培养	10%	成功培养专业人员2名	• 每缺少1名扣5分			
	加权合计							

	序号	行为指标	权重	指标说明	考核评分	自评	上级	结果
行为考核	1	忠诚度	25%	1级：不泄露公司信息、技术等 2级：能够与公司共渡难关 3级：职业生涯规划与公司发展方向一致 4级：危急时刻体现本职工作价值 5级：通过工作扭转公司不利局面，打开新局面	• 1级5分 • 2级10分 • 3级15分 • 4级20分 • 5级25分			
	2	保密工作	25%	1级：了解公司商业机密的范围及要点 2级：工作期间遵守公司保密制度，并积极传播正能量 3级：不利用商业机密换取个人利益，不泄露公司发展核心技术及发展战略等重要信息 4级：严格维护公司商业机密并有实际案例 5级：指导、教育他人做好商业保密工作	• 1级5分 • 2级10分 • 3级15分 • 4级20分 • 5级25分			

续表

	序号	行为指标	权重	指标说明	考核评分	自评	上级	结果
行为考核	3	责任感	25%	1级：承认结果，而不是强调愿望 2级：承担责任，不推卸，不指责 3级：主动着手解决问题 4级：勤于思考，善于优化业务流程 5级：有防范意识，并做到相应的防范措施	• 1级5分 • 2级10分 • 3级15分 • 4级20分 • 5级25分			
	4	清财	25%	1级：不违反财务制度 2级：不出现任何财务问题，并严格监督他人 3级：不因自身利益而损害公司经济利益 4级：不影响工作质量的前提下主动节省各项开支 5级：财务高度透明化，对其他成员产生震撼力与威慑力	• 1级5分 • 2级10分 • 3级15分 • 4级20分 • 5级25分			
	加权合计							
总分	总分 = 业绩考核得分 ×80%+ 行为考核得分 ×20%							
考核人签字：							年　月　日	

9.1.5　H 公司中层管理人员绩效考核设计

H 公司是一家服装公司，在全国多省市设立了分公司及营业网点。凭借先进的经营理念，公司飞速发展，取得了良好效益。

但是，H 公司的绩效管理存在诸多问题：管理人员，尤其是中层管理人员缺乏执行力，无法贯彻公司发展战略，从而导致了员工人心不齐，尤其是绩效考核体系不完善，无法科学、有效地对中层管理人员进行绩效评估，造成了公司"中层塌陷"的现象。

针对这一问题，公司制定了中层管理人员绩效考核方案，如表 9-5 所示。在考核指标上，H 公司将其分为定量与定性两方面，定量指标包括工作数量、工作质量等；定性指标包括责任感、团队建设、协调能力等。

表 9-5 H 公司中层管理人员绩效考核方案

部门		考核时间					得分	
姓名		职位						
考核指标		分值（分）	评价依据	评分标准（分）				自我评分	上级主管评分
				A 优秀	B 良好	C 合格	D 不合格		
工作业绩	工作质量	10	工作质量与目标计划一致，未出现差错	10～9	8.5～8	7.5～6	5.5～0		
	工作数量	10	工作量达到目标计划	10～9	8.9～8	7.5～6	5.5～0		
	信息反馈	5	按公司高层领导要求修订与调整目标，反馈及时	5～4.5	4～3.5	3.5～3	2.5～0		
	工作汇报	5	对日常工作考察全面，汇报工作及时、准确、全面	5～4.5	4～3.5	3～2.5	2.5～0		
工作能力	组织能力	8	正确理解上级指令，制定方案，有计划地组织实施，实现目标	8～7	6.5～6	5.5～5	4.5～0		
	管理能力	8	职员分工合理、搭配高效	8～7	6.5～6	5.5～5	4.5～0		
	指挥能力	8	充分调动职员工作积极性和创造性，指导属下改进工作	8～7	6.5～6	5.5～5	4.5～0		
	协调能力	8	能够与其他部门协作、配合、沟通来解决问题	8～7	6.5～6	5.5～5	4.5～0		
	团队建设	8	提高所领导部门或团队的精神面貌、业余能力与职业素养	8～7	6.5～6	5.5～5	4.5～0		
工作态度	敬业精神	5	爱岗敬业、任劳任怨	5～4.5	4～3.5	3～2.5	2～0		
	纪律性	5	严格遵守公司的各项规章制度	5～4.5	4～3.5	3～2.5	2～0		
	责任感	5	恪尽职守，敢于承担责任，对本部门和上级管理人员负责	5～4.5	4～3.5	3～2.5	2～0		
	协作性	5	能够悉心听取各方面意见，努力改进工作	5～4.5	4～3.5	3～2.5	2～0		
综合素质	专业技能	3	业务能力能够胜任目前的岗位工作	3	2.5	2	1.5		
	学习精神	3	自觉学习新知识、新技能以及公司文化等	3	2.5	2	1.5		
	品德修养	2	严守职业道德、社会公德，注重仪表、仪容，言谈举止行为得体	2	1.5	1	0.5		
	忠实度	2	对公司忠诚、严格保守公司的商业机密、不传播负能量	2	1.5	1	0.5		
上级主管确认签名： 年　月　日			被考核人确认签名： 年　月　日				小计		
							平均分		

从表 9-5 可以看出，H 公司制定了一套针对公司中层管理人员的科学的绩效考核方案，因为它使中层管理人员明确了公司高层领导对自己的绩效期望；同时，评估指标也做到了标准化。这样，也就获得了大多中层管理人员的支持与认可。

9.2 基层员工绩效量化考核

公司能有多大的发展很大程度上取决于基层员工的力量，他们是公司效益的创造者，因此，要公平公正地对基层员工在一定时期内所表现出来的工作能力、实际效果进行量化考核，给予相应的待遇和激励，激发基层员工的工作热情和工作积极性。

一般公司的基层工作人员包括六个部门：生产领域、营销领域、人力行政领域、财务领域、品控领域以及研发领域。

9.2.1 生产领域岗位员工量化考核设计

关于生产领域岗位员工的量化考核设计，在本节以生产工人的绩效考核为例。

在对生产工人进行绩效考核时，要先明确生产工人的岗位职责。生产工人的岗位职责具体可以分为四个方面，如图 9-4 所示。

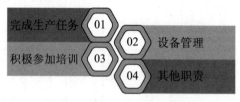

图 9-4 生产工人岗位职责

1. 完成生产任务

生产工人要根据车间工作计划和本部门管理人员安排，严格依照工艺流程和操作规程，安全、及时、保证质量地完成生产任务，同时，避免或减少原材料的浪费。

2. 设备管理

生产工人负责生产设施的使用、检修、维护、保养等工作；工具、模具等使用完毕后应及时归位、定点存放。

3. 积极参加培训

生产工人要积极参加公司、部门组织的各类指导、教育、培训活动。

4. 其他职责

生产工人要负责车间、操作台、机床等的日常清洁工作；完成管理人员交办的其他工作等。

明确岗位职责以后，需要设置生产工人的考核指标，然后根据考核指标和工作职责设计相应的绩效考核方案。生产工人的绩效考核方案如表9-6所示，该考核方案把生产工人的绩效考核指标分为生产任务、生产安全、质量管理、卫生管理、职业素养、配合度六个部分，每项指标都有相对应的权重和评分等级，在考核时由本部门管理人员评分。

表9-6 生产工人绩效考核方案

被考核人姓名			职位		部门		
序号	考核指标	分值（分）	评价标准			具体依据	考核得分
1	生产任务	30	1. 不能按时完成生产任务，每次减5分； 2. 每月产量排名比上月进步1～3名的加3分，进步4名以上的加5分				
2	生产安全	20	1. 发生一般性安全生产事故扣15分；发生重大安全事故本项不得分； 2. 不遵守安全操作规程及工艺流程，未造成重大损失及不良影响，发生1次减2分，发生2次以上减5分；造成重大损失或不良影响本项不得分				
3	质量管理	20	1. 出现客户质量问题投诉，本项不得分； 2. 出现客户现场投诉情况，得15分； 3. 出现产品报废情况，得15分； 4. 产品出现质量问题导致返工，得10分				

续表

序号	考核指标	分值（分）	评价标准	具体依据	考核得分
4	卫生管理	10	1. 下班后不值日，每次减2分； 2. 工具、磨具等不按规定放置，每次减2分； 3. 个人物品不按规定放置，每次减2分		
5	职业素养	10	1. 工作期间串岗、脱岗，每次减2分； 2. 未穿工服或未使用规定的防护用具，每次减2分； 3. 未经同意，私自携带无关人员进入车间，每次减5分		
6	配合度	10	1. 工作未完成却没有及时向管理人员反映，每次减2分； 2. 不服从管理人员合理的工作安排，每次减2分； 3. 请假、调岗、交接班时未做好交接工作，影响生产或发生其他不良影响，每次减2分		
本次考核总得分					

9.2.2 营销领域岗位员工量化考核设计

关于营销领域岗位员工的量化考核设计，在本节以销售专员的绩效考核为例。

在对销售专员进行绩效考核时，要先明确销售专员的岗位职责。销售专员的岗位职责具体可以分为三个方面，如图9-5所示。

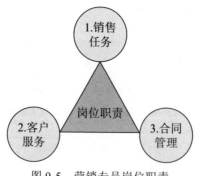

图9-5 营销专员岗位职责

1. 销售任务

销售专员了解客户需求，挖掘潜在客户，根据部门管理人员的要求和市场行情，制订自己的销售计划；完成管理人员安排的销售指标。

2. 客户服务

销售专员要耐心、热情地服务客户，树立公司良好的品牌形象；定期联系、回访已经购买和使用产品的客户；对于客户提出的问题予以反馈和解决，必要时与公司相关部门沟通、协调。

3. 合同管理

销售专员要做好客户的立档、存档工作；负责销售合同的签订，并妥善保管好已签订的销售合同。

明确岗位职责之后，需要设置销售专员的考核指标，然后根据考核指标和工作职责设计相应的绩效考核方案。销售专员的绩效考核方案，如表9-7所示，该考核方案把销售专员的指标分为定性指标、定量指标与工作能力三大模块，每个模块又细分成若干小指标。每项指标都有相对应的权重和评分等级，在考核时采用自评、本部门考评和其他部门考评相结合的方式。

表9-7 销售专员绩效考核方案（月度）

考核项目	考核指标	考核标准	满分	实际完成数值	完成比率	部门评分		备 注
						部门	得分	
定量指标	销售完成率	本月任务___万元	30	实际销售额___万元		财务		销售完成率 = 实际完成销售额 ÷ 销售任务 ×100%
	销售增长率	上月销售额___万元	10	本月销售额___万元		财务		增长率 = （本月销售额 - 上月销售额）÷ 上月销售额的绝对值 ×100%
	回款完成率	实际回款金额/计划回款金额	15	本月回款额___万元		财务		完成比率 = 实际完成回款额 ÷ 计划回款额 ×100%
	新客户开发率	实际开发客户/计划开发客户	10	___户		销售		完成比率 = 实际新客户数 ÷ 任务 ×100%
	呆账客户比例	呆账客户数量/客户总数	5	___户		销售		呆账客户比例 = 两个月未出货客户数/客户总数

续表

考核项目	考核指标	考核标准（评分部门填写）	满分	实际完成数值	总分	自评得分	部门评分		备注
							部门	得分	
定性指标	团队协作	个人利益服从集体利益	3	违规____次			销售		出现由于个人原因而影响整个团队工作的情况，本项不得分
	销售制度执行	按公司销售制度执行	3	违规____次			销售		每违规1次，减1分
	客户回访	每两个月回访1次客户	5	违规____次			销售		有客户两个月以上未被回访，本项不得分
	参加培训、会议、活动	培训____次 开会____次 活动____次	5	违规____次			销售		公司或本部门组织的各种培训、会议、活动，每缺席1次减2分。除出差、请假外
	出勤率	迟到次数	5	迟到____次			人资		出勤率达到100%（出差不计），得满分，迟到超过3次，该项不得分
	日常行为规范	公司各项规章制度	3	违规____次			人资		所有现行制度，违反1次，该项不得分
	客户满意度	顾客投诉次数	3	投诉____次	—		销售		出现客户投诉情况，该项不得分
	服从安排	对领导安排的态度	3	违规____次	—		销售、人资		听从领导合理安排，有恶意违背情况，该项不得分
	责任感	0分：工作马虎，不能保质、保量地完成工作任务，且工作态度极不认真；1分：自觉完成工作任务，但工作中有失误；2分：自觉完成工作任务，且对自己的行为负责；4分：除了做好本职工作外，还主动承担公司内部的额外工作					销售		

续表

考核项目	考核指标	考核标准（评分部门填写）	满分	实际完成数值	总分	自评得分	部门评分		备注
							部门	得分	
工作能力	专业知识	0分：只了解公司产品信息； 1分：了解本行业及公司的产品； 2分：熟练掌握本岗位应具备的专业知识，但对其他相关知识了解不多； 4分：熟练掌握专业知识及其他相关知识					销售		
	分析判断能力	0分：较弱，不能及时作出正确分析与判断； 1分：一般，能对问题进行简单分析和判断； 2分：较强，能对复杂问题进行分析和判断，但不能灵活运用到实际工作中； 4分：强，能迅速对客观环境作出较为正确的分析与判断，并灵活运用到工作中去					销售		
	沟通能力	0分：不能清晰表达自己的想法； 1分：有一定的说服能力； 2分：能够有效化解矛盾； 4分：能够灵活运用多种谈话技巧和他人进行有效沟通					销售		
	应变能力	0分：缺少应变能力，反应不灵活； 1分：对个别问题能够随机应变； 2分：遇到突发事件基本能够处理，但有时也有失误； 4分：面对客观环境变化，能够灵活采取相应措施					销售		
考核人	签字： 　　　　　　　　　　　　　　　　　　　　年　月　日								

9.2.3 人力行政领域岗位员工量化考核

关于人力行政领域岗位员工的量化考核设计，在本节以人力资源专员的绩效考核为例。

在对人力资源专员进行绩效考核时，要先明确人力资源专员的岗位职责。人力资源专员的岗位职责具体包括以下几个方面。

（1）执行公司的人事制度，依照公司和本部门管理人员的要求，做好各部门的培训，员工薪酬、保险与福利等方面的管理。

（2）组织并配合其他部门进行招聘、培训和绩效管理等工作。

（3）完成员工入职、离职、调岗等相关人事变动工作。

（4）管理并维护员工的个人信息和人事档案。

明确岗位职责以后，需要设置人力资源专员的考核指标，然后根据考核指标和工作职责设计相应的绩效考核方案。人力资源专员的绩效考核方案如表9-8所示，该考核方案把人力资源专员的绩效考核指标分为任务绩效与能力绩效两大模块，每个模块又细分成若干小的指标，每项指标都有相对应的权重和评分等级，在考核时由本部门管理人员评分。

表9-8 人力资源专员绩效考核方案

考核项目		考核说明	权重	评分（分）				得分(评分*10)
				优秀	良好	及格	不及格	
任务绩效（80%）	日常工作	及时提交工作计划，并能够按时完成工作计划的为优秀；比较及时地提交工作计划，基本能够按时完成工作计划的为良好；能够提交工作计划，但不能够按时完成的为及格；不能够提交工作计划也不能够按时完成工作的为不及格	10%	10～9	8～7	6～5	4～0	
	招聘工作完成率	招聘工作完成率＝当期招聘工作完成次数/当期招聘员工总数×100%。90%以上为优秀；高于80%，不足90%为良好；高于70%，不足80%为及格；低于70%为不及格	20%	10～9	8～7	6～5	4～0	

续表

考核项目		考核说明	权重	评分（分）				得分(评分*10)
				优秀	良好	及格	不及格 评分	
任务绩效（80%）	员工入职、转正、离职、调岗等手续办理	无差错与冲突为优秀；发生1～3次轻微差错或冲突为良好；发生4～6次轻微差错为及格；多于6次为不及格；造成严重后果的0分	15%	10～9	8～7	6～5	4～0	
	合同管理	无差错为优秀；1～3次轻微差错为良好；4～6次轻微差错为及格；多于6次为不及格；造成严重后果的0分	10%	10～9	8～7	6～5	4～0	
	薪酬核算	无差错为优秀；1～3次轻微差错为良好；4～6次轻微差错为及格；多于6次为不及格；造成严重后果的0分	20%	10～9	8～7	6～5	4～0	
	工资报表提交及时率	工资报表提交及时率=提交及时的次数/应提交总数×100%。90%以上为优秀；高于80%，不足90%为良好；高于70%，不足80%为及格；低于70%为不及格	5%	10～9	8～7	6～5	4～0	
	员工保险、福利核算	无差错为优秀；1～3次轻微差错为良好；4～6次轻微差错为及格；多于6次为不及格；造成严重后果的0分	15%	10～9	8～7	6～5	4～0	
	人事档案归档率	人事档案归档率=及时归档的次数/应归档的总数×100%。90%以上为优秀；高于80%，不足90%为良好；高于70%，不足80%为及格；低于70%为不及格	5%	10～9	8～7	6～5	4～0	

续表

考核项目		考核说明	权重	评分（分）				得分(评分*10)
				优秀	良好	及格	不及格 评分	
能力绩效考核 20%	执行能力	能及时、高效完成领导交办的任务为优秀；偶尔一两次不能及时完成的为良好；完成各项目标不及时，经领导指导后基本完成的为及格；执行中出现重大失误，给工作带来负面效应的为不及格	30%	10~9	8~7	6~5	4~0	
	工作态度	工作积极主动，经常提前完成任务的为优秀；工作较为主动且平稳的，基本能够按时完成的为良好；不主动，需要上级督促才能完成的为及格；经上级催促仍不能完成工作的为不及格	40%	10~9	8~7	6~5	4~0	
	与其他部门合作及协调能力	其他部门需要协助时，能及时作出安排的为优秀；基本能够配合相关部门完成工作的为良好；与其他部门合作不顺畅，但基本能够完成工作的为及格；无法与其他部门协作完成工作的为不及格	20%	10~9	8~7	6~5	4~0	
	日常考勤	无迟到、早退现象，遇事外出或不能上班必须请假，有迟到或早退的每次扣2分，旷工一天扣5分，扣完为止	1%	10~9	8~7	6~5	4~0	
等级	优秀（ ）	良好（ ）	一般（ ）	合格（ ）		不合格（ ）		

9.2.4 财务领域岗位员工量化考核

关于财务领域岗位员工的量化考核设计，在本节以会计的绩效考核为例。

在对会计进行绩效考核时,要先明确会计的岗位职责。会计的岗位职责具体包括以下几个方面。

(1)为公司做月度、季度、年度等财务预算,审核公司各类收支款项;

(2)办理公司的各项报账工作;

(3)办理公司内部以及对外的各项拨款业务;

(4)保管、预算公司的固定资金;

(5)编制财务报表,提交给有关部门,以供审查;

(6)定期核算公司的往来账目。

明确岗位职责以后,需要设置会计的考核指标,然后根据考核指标和工作职责设计相应的绩效考核方案。会计的绩效考核方案如表9-9所示,该考核方案把会计的绩效考核指标分为业务绩效与行为绩效两大模块,每个模块又细分成若干小指标,每项指标都有相对应的权重和评分等级,在考核时采用自评和本部门管理人员相结合的方式。

表9-9 会计的绩效考核方案(月度)

姓名					岗位				
	序号	考核项目	权重	目标值要求		评分等级	得分		
							自评	上级	结果
业务绩效	1	日常收支审核	10%	1.审核报账单据的真实性、准确性、完整性; 2.审核会计凭证与所附原始单据是否齐全、金额是否一致,审批手续是否齐全; 3.审核无误票据的登记、传递工作		• 按要求完成10分 • 个别差错,不影响整体数据5分 • 有差错,影响整体数据2分 • 严重差错0分			
	2	账务管理	20%	1.设置核算账簿体系,协助研发、生产、采购、销售等其他部门完成相关票据的填写制定、审核; 2.编制日常费用类会计凭证、月末结转凭证; 3.完成日常查账,确保财务记录准确无误; 4.核算总账及相关明细账; 5.编制财务月度报表,并确保数据准确		• 全部完成20分 • 完成4项16分 • 完成3项12分 • 完成2项8分 • 完成1项4分 • 均未完成0分			

续表

	序号	考核项目	权重	目标值要求	评分等级	得分 自评	上级	结果
业务绩效	3	回款货款管理	10%	1. 核查公司回款情况；纳税申报无延误； 2. 每月供应商货款付款单据的核对工作，配合出纳做好货款付款工作	• 按要求完成10分 • 一项未达标5分 • 两项均未达标0分			
	4	合同管理	5%	每月合同内容与金额审批内容一致，金额准确无误，合同登记、业务回款	• 按要求完成5分，未达标0分			
	5	财务资料管理	5%	1. 根据审核无误的原始凭证填写记账凭证，并登记相关明细账簿、银行日记账等工作； 2. 月末装订凭证做好保管工作，以备查账； 3. 材料报价单、经济合同、契约的管理工作； 4. 其他会计资料的建档、保管工作	• 按要求完成5分，有差错0分			
	6	纳税申报	20%	1. 按照财税要求，每月根据时间要求提前做好票据收集、规整，及时、无差错地提供给财务代办公司，做好申报工作； 2. 管理好发票开具数额，不能出现因计划平衡不合理导致发票不能正常开具； 3. 因需要发票及财税变更、申请、升级等工作，必须有计划地提前完成，不能影响发票正常开具，造成财税风险	• 按要求完成20分 • 个别差错，不影响整体数据15分 • 有差错，影响整体数据10分 • 严重差错0分			
	7	工资核算	5%	1. 每月10日前核算工资，确保数据准确无误，报总经理审批； 2. 结算员工工资，每月15日完成，周末及节假日顺延	• 两项完成得5分 • 1项出错得0分			

续表

	序号	考核项目	权重	目标值要求	评分等级	得分 自评	得分 上级	得分 结果
业务绩效	8	现金清点	15%	1. 月初清点出纳手中现金并编制报表； 2. 编制银行对账单； 3. 编制现金月报表	• 按要求及时完成15分 • 个别差错，不影响整体数据5分 • 未按要求完成0分			
业务绩效	9	制度建设	5%	协助财务部门主管建立、健全公司各项财务制度，监督、落实公司有关财务制度的制定、执行工作	根据实际结果评分			
业务绩效	10	学习力	5%	加强财务知识学习，提高业务能力，规避风险	根据个人表现评分			
	加权合计							

	序号	行为指标	权重	指标说明	考核评分	自评	上级	结果
行为绩效	1	清财	50%	1级：不违反财务制度 2级：没有任何财务问题，并主动接受监督 3级：不因自身利益损害公司利益 4级：不影响工作质量的前提下主动节省各项经费 5级：因为财务明磊，对其他成员产生影响力与威慑力	• 1级10分 • 2级20分 • 3级30分 • 4级40分 • 5级50分			
行为绩效	2	保密制度	50%	1级：不违反财务制度 2级：不出现任何财务问题，并严格监督他人 3级：不因自身利益而损害公司利益 4级：不影响工作质量的前提下主动节省各项开支 5级：财务高度透明化，对其他成员产生震撼力与威慑力	• 1级10分 • 2级20分 • 3级30分 • 4级40分 • 5级50分			
	加权合计							
总分			总分 = 业绩考核得分 ×80%+ 行为考核得分 ×20%					
考核人	签字：						年　月　日	

9.2.5 品控领域岗位员工量化考核

关于品控领域岗位员工的量化考核设计,在本节以质量检验员的绩效考核为例。

在对质量检验员进行绩效考核时,要先明确质量检验员的岗位职责。质量检验员的岗位职责可分为四个方面,如图 9-6 所示。

图 9-6　质量检验员的岗位职责

1. 对产品、原材料质量严格把关

质量检验员要结合公司对原材料与产品的质量要求,对原材料与产品进行严格检测,明确检测方式以及出现不合格情况的处理办法。认真做好产品各道生产工序的品质控制。

2. 客户服务

质量检验员应了解、汇总、分析客户对产品质量方面的意见与建议,针对性地改进和完善质量检测工作,确保产品质量满足客户需求;按照公司要求,协助客服部一同处理客户投诉。

3. 改进和完善品质工作

质量检验员要根据公司总体发展战略,协助本部门管理人员完成质量认证体系的构建,确保公司质量目标的实现。

4. 防范、杜绝质量事故

项目发生质量事故后,质量检验员要协助本部门管理人员进行调查、分析,总结经验教训,制定防范措施与应对预案。

明确岗位职责以后,需要设置质量检验员的考核指标,然后根据考核指标和工作职责设计相应的绩效考核方案。质量检验员的绩效考核方案如表 9-10 所示，该考核方案把质量检验员的绩效考核指标分为检测规范管理、检验成本管理、检验的有效性、应变能力与工作态度五大模块，每个模块又细分成若干小指标，每项指标都有相对应的权重和评分等级，在考核时，由本部门管理人员评分。

表 9-10　质量检验员的绩效考核方案

被考核人：			考核时间： 年 月 日		
序号	考核标准	考核细则	奖扣分值（分）	实得分	备注
1	检验规范管理	不按流程检验，检验记录填写不规范、不认真，需检验员签字确认单据未确认等，每出现 1 次扣 1 分	5		
		不合格产品未加标示，影响产品质量，每出现 1 次扣 2 分	10		
		负责跟踪产品生产过程质量状态，严格控制不合格产品产生，每违反 1 次扣 3 分	15		
		原材料、成品漏检，或不按检验流程检验，对检验工具不维护、不保管，每出现 1 次扣 2 分	10		
		检验工作不及时，未在规定时间内完成，每出现 1 次扣 1 分	5		
2	检验成本管理	因检验员错检、误检，每出现 1 次扣 2 分	10		
		积极参与节能降耗，做好数据检测收集、上报工作，每违反 1 次扣 1 分	5		
3	检验的有效性	把关不严，导致不良品流入下一工序，造成重大质量事故，每出现 1 次扣 3 分	15		
		严把质量关，配合各工序将质量控制在工艺标准范围内，每违反 1 次扣 1 分	5		
		巡检过程中发现有违规操作应及时记录，漏记 1 次扣 1 分	5		
4	应变能力	能在检验过程发现问题，抓住关键，找准最佳处置办法，并及时上报处理，每违反 1 次扣 1 分	5		
		发生突发情况能够独立思考解决，及时与相关人员沟通，每违反 1 次扣 1 分	5		
5	工作态度	爱岗敬业，工作积极，承担部分额外工作，每违反 1 次扣 1 分	5		
		以饱满的热情投入工作，协调好与其他同事关系，每违反 1 次扣 1 分	5		
绩效考核总分			100		
考核人	签字：			日期：	

9.2.6 研发领域岗位员工量化考核

关于研发领域岗位员工的量化考核设计,在本节以研发专员的绩效考核为例。

在对研发专员进行绩效考核时,要先明确研发专员的岗位职责。研发专员的岗位职责可分为四个方面,如图9-7所示。

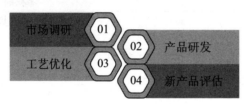

图9-7 研发专员的岗位职责

1. 市场调研

研发专员负责收集与产品有关的市场信息,关注最新动向,协助本部门管理人员为公司开发新产品提供技术依据。

2. 产品研发

研发专员负责绘制、校对、修改图纸,完成公司新技术引进与新产品研发工作。

3. 工艺优化

研发专员要结合公司的生产设施与生产技术,制定、优化产品的生产工艺,及时完成新产品的中试放大工作,实现研发与生产的对接。

4. 新产品评估

研发专员要考量新产品在研发、生产、使用过程中是否会产生环境污染和安全问题,如有问题,应与本部门管理人员沟通,并协调其他部门作出针对性调整。

明确岗位职责以后,需要设置研发专员的考核指标,然后根据考核指标和工作职责设计相应的绩效考核方案。研发专员的绩效考核方案如表9-11所示,考核采用自评和本部门管理人员相结合的方式。

表 9-11 研发专员的绩效考核方案

序号	考核指标	指标要求	分值（分）	评分 自评	评分 上级评定	备注
1	业务能力	具备研发人员所需的专业知识和基本技能	30			
2	工作统筹安排能力	根据本部门管理人员安排，制订工作计划，抓住重点、兼顾平衡，保证个体项目符合整体项目的数量、质量要求	15			
3	决策能力与解决力	根据市场需求以及公司的具体情况作出关于本职工作的科学决策；有效解决专业问题、技术问题，及时、果断地解决突发事件	10			
4	沟通能力	能够在公司内部以及公司与客户之间进行有效、完整的工作沟通与技术支持	10			
5	发展潜能	积极了解、探讨研发领域的前沿科学与最新发展动态，不断提高自身研发能力	5			
6	风险控制能力	在工作中，能够及时预见潜在问题与存在风险，并找到解决办法	10			
7	创新能力	在公司产品研发、技术设计、工作流程、工作品质等方面具有创新意识	10			
8	工作态度	严格遵守和执行公司各项规章制度，工作积极主动，维护公司利益	10			
自评得分			上级评定得分			
综合意见						

9.2.7 K 公司基层员工绩效管理项目设计方案

K 公司是一家成立于 2003 年的民营餐饮公司，公司由总公司和 6 家子公司组成，现有员工 3000 多人。

在飞速发展和不断扩大的过程中，公司内部管理问题逐渐凸显：由于绩效管理缺失，没有针对性的绩效考核，员工日常工作表现的好坏缺乏相应奖惩措施，这导致很多基层员工工作作风散漫、工作不积极，严重影响公司进一步发展。

结合公司实际情况，经过缜密调研，公司制定了科学、有效的绩效管理体系，将绩效指标与行为规范相结合，对基层员工进行科学、全面的绩效考核，如表 9-12 所示。考核指标分为定性与定量两个方面：定性指标即工作行为与态度，具体可分为责任感、勤奋度、忠诚度、遵守纪律四个方面；定量指标即工作能力与效果，包括团队意识、执行力、工作效率、综合素质四个方面。

表 9-12 基层员工绩效考核方案

考核要素		考核要点	评价	标准分（分）
工作行为与态度 45 分	责任感	有强烈的责任感，能够按时、保质、保量地完成工作目标	优	13～11
		有责任感，可放心交付工作	良	10～8
		责任感不强，但基本能完成工作	合格	7～3
		无责任感，自由散漫，经常不能按时完成工作目标	差	2～0
	勤奋度	任劳任怨，爱岗敬业	优	12～11
		守时守规，不偷懒，积极工作	良	10～8
		时间观念不强，主动积极性不够，但有人督促能够完成工作	合格	7～3
		经常脱岗、迟到，工作偷工减料	差	2～0
	忠诚度	对公司的现状和前途有信心，无私奉献	优	10～9
		视承担的工作和责任为重，而不仅仅是谋生手段	良	8～6
		言行尚规范，无泄漏公司商业机密等不良行为	合格	5～3
		自我意识强，有泄漏公司商业机密等不良行为	差	2～0
	遵守纪律	遵守公司规章制度，并能够指导、提醒他人遵守	优	10～9
		遵守公司规章制度，有事能够及时请假，无迟到、无早退	良	8～6
		偶尔违反公司规章制度	合格	5～3
		经常违反公司规章制度	差	2～0
工作能力与效果 55 分	团队意识	善于团结合作，起带头作用，发挥部门优势	优	12～11
		尚能与他人合作，保证完成工作目标	良	10～8
		缺乏合作意识，但能够勉强配合他人完成工作目标	合格	7～3
		很难与他人合作，经常导致工作目标无法完成	差	2～0
	执行力	快速执行管理人员交办的各项工作，办事高效、执行力强	优	15～13
		能够执行管理人员交办的各项工作，自觉按时完成工作	良	12～9
		执行力度一般，需督促	合格	8～5
		执行力差，态度不积极	差	4～0
	工作效率	完成交办的工作精确、速度快、质量高，没有差错	优	15～13
		能分清主次，按时、按质完成任务，效果满意	良	12～9
		能够在管理人员指导和督促下完成工作目标，工作偶有差错	合格	8～5
		工作不分主次，效率低，时有差错	差	4～0

续表

考核要素		考核要点	评分标准	
			评价	标准分（分）
工作能力与效果 55分	综合素质	积极学习，有创新意识，并通过创新为公司创造效益	优	13～11
		勤于思考，时常提出合理化建议	良	10～8
		具备完成工作目标的各项基本素质	合格	7～5
		各方面无突出表现，业务能力有待提高	差	4～0
1."100≥分数≥90"段为"满足职位要求"，因此各部门员工考核结果的主流应控制在该分数段内。 2."分数<70"段为"离目标设定有差距"的范围，该部分为少数人员，部门应分别控制在10%以内。				

通过表9-12可以看出，公司针对基层员工出现的工作作风散漫、工作不积极的现象，制定了绩效考核标准，将公司对基层员工的要求细化，绩效考核体系与公司的实际情况完美结合，这样既确保了绩效考核工作能够真正落到实处，也确保了整个公司战略目标的顺利实现。

第四模块

绩效反馈

第 10 章
抓住 5W1H，做好绩效反馈

绩效反馈是绩效管理工作的最后一步，也是最关键的一步。绩效管理工作离开了绩效评价，就失去了存在的意义，而这又偏偏是许多公司容易忽略的环节。

那么，在实行绩效管理时，公司的管理人员应当如何做好绩效反馈工作呢？

要想做好绩效反馈工作，"5W1H"是关键。具体来说，其中包括六个问题。

（1）Why，即反馈原因，为何要做绩效反馈？

（2）Who，即反馈主体，由何人来做绩效反馈？

（3）Whom，即反馈对象，向何人做绩效反馈？

（4）When，即反馈时间，何时做绩效反馈？

（5）What，即反馈内容，绩效反馈都要反馈一些什么内容？

（6）How，即反馈技巧，如何进行绩效反馈？

10.1 Why——反馈原因

"以铜为镜，可以正衣冠；以人为镜，可以知得失"。绩效反馈，就如同一面镜子，让被考核员工了解自己的绩效水平如何，上级、同事、下级对自己的绩效是什么看法以及管理人员和公司对自己的预期，从而在未来工作中有针对性地改进绩效，并向管理人员反映在实现工作目标过程中遇到的问题和困难，以取得相应的绩效辅导和帮助。

通常来说，在绩效反馈结束后，要达成以下四个目的。

（1）关于绩效考核的结果，被考核员工与管理人员达成共识。"横看成岭侧成峰,远近高低各不同。"被考核员工与管理人员难免会对绩效产生不同看法。因此,双方要进行沟通,统一看法,就绩效考核指标以及相应的评估标准达成一致意见,才能进一步改进绩效。

(2)明确指出被考核员工的优点和缺点。在绩效反馈过程中,管理人员应当肯定员工的成绩和优点,并予以鼓励,从而使员工今后更好地工作;同时,还要指导员工认识到自己的缺点和不足,并指出在将来工作中应当提高的地方。

(3)有针对性地制定绩效改进方案。经过绩效反馈面谈,管理人员与员工充分沟通,双方共同制定绩效改进方案和具体实施计划。管理人员应当对员工提出改进绩效的意见和建议,而员工也要提出自己的绩效改进方案,并向管理人员提出自己需要的资源支持。

(4)制定下一个周期的绩效考核标准。一个周期绩效反馈的完成,就意味着下一个绩效考核周期的开始。因此,在进行绩效反馈时,管理人员与员工应当根据本次绩效考核的结果以及双方共同制定的绩效改进方案,共同制定下一个周期的绩效考核标准,从而确保绩效考核的延续性和下一周期绩效考核标准的针对性。

10.2 Who——反馈主体

从广义上说,绩效反馈主体可分为五种,如图10-1所示。

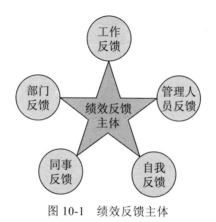

图10-1 绩效反馈主体

其中，最重要的反馈主体是管理人员。通过绩效反馈，不仅能够使员工了解自己的绩效情况，而且在今后的工作中也能扬长避短；同时，管理人员还可以在这一过程中，将公司的发展战略与经营计划以及本部门制定的新的绩效考核目标甚至自己的管理思路渗透给员工。绩效面谈是管理人员全面了解本部门每一名员工、与员工融洽工作关系、树立自身威信的重要契机。

10.3 Whom——反馈对象

毫无疑问，绩效反馈的对象就是被考核的员工。在绩效考核过程中，管理人员向上一级主管做绩效反馈，员工向管理人员反馈。在绩效考核过程中，要考虑到员工的个体差异。通常来说，可以根据业绩与工作态度两个维度，将员工分为四类，如图10-2所示。

图 10-2　四类员工

针对这四种不同类型的员工，在进行绩效反馈时，侧重点也应有所不同。对于奉献型员工，应当予以肯定和鼓励，同时，对其制定更高的绩效考核标准；对于冲锋型员工，既不能只肯定业绩，不管工作态度，也不能因为工作态度差就全盘否定业绩，而是要与之耐心沟通，对症下药，通过绩效辅导来改善工作态度；对于安分型员工，则应制定明确的、科学的绩效改进方案，循序渐进，帮助其不断提高和改进绩效；对于堕落型员工，就要明确绩效考核目标，端正其工作态度，逐步改进和提高其绩效，必要时调岗甚至清退。

10.4　When——反馈时间

绩效反馈有时效性,因此要抓住时机及时反馈,不要等到问题更加严重,或者绩效考核已经过去很久再进行这项工作。问题尚不严重时的善意提醒会让人更加乐意接受,但如果事情发生已久,员工产生了习惯性心理认可之后再进行绩效反馈,会引发员工"为什么不早说"的反感与抵触心理。

什么时候进行反馈最合适?考核结果确定后就应着手准备,反馈工作一定要在考核结果对员工的薪酬、晋升等切身利益产生影响之前进行。这样双方才能达成一致,反馈才不会变得形式化、流程化。也只有这样,员工才能及时认识到自己的问题并加以改进,公司也可以省下为解决绩效不良问题而耗费的大量时间和精力。

10.5　What——反馈内容

绩效反馈应当针对绩效本身,而不是针对员工个人。绩效反馈的重点是绩效考核结果,首先,不要责怪和追究员工的责任与过错,尽量不带威胁性;其次,交谈要具体,不要做泛泛的、抽象的一般评价,要拿出具体结果来支持结论,援引数据,列举实例;最后,通过双向沟通,找出绩效较差的原因,共同商量制订相应的改进计划。

反馈内容包含绩效、态度、行为等多个方面,分为正反馈和负反馈两类。正反馈是积极的反馈,而负反馈是指消极的反馈。由于员工接受反馈的经验不同,相同的反馈内容会产生不同的作用。研究表明,得到积极反馈的个体会出现两种状态:一是表现得更加自信、提高自己的奋斗目标;二是产生骄傲和满足情绪,不再继续努力。得到消极反馈的个体则出现要么更加努力,要么降低自己的目标,要么拒绝接受反馈的现象。

也有更为复杂的情况,比如,刚开始得到了负反馈的员工会更加努力地工作，但如果总得到负反馈，就会产生负面影响，员工可能不会再继续努力提高自己，而是逐渐地降低目标、拒绝反馈或是逃避工作。

因此，在进行反馈时，反馈者要根据员工本人具体情况、反馈的目的、反馈的时期等因素把握反馈策略。

在绩效管理的不同阶段有不同的绩效反馈。

（1）前期准备阶段，应全面收集员工个人及其工作岗位的相关资料，包括工作进展与现状、潜在问题、可能解决问题的措施、帮助员工提高改善的具体方案等，这些可以从职位说明书、绩效考评表、年度计划以及自评、他人的满意度评价等资料中获取。此外，员工也需要同时做好相应准备，中肯地评估自己的绩效表现，这样双方才能开展有效沟通。

（2）反馈实施阶段，要充分注意反馈的内容。以问题为导向，找到出现问题的原因和解决问题的办法，不要一味强调责任，将重点放在追究员工的过错和责任上，这样容易让员工产生逆反和不服心理，不利于制订有效的绩效改进方案。

要善于聆听，站在员工的立场思考问题，引导员工多说，了解员工对绩效管理的期望，反馈内容切忌单方面发表和强调自己的看法和意见，与员工意见不同而出现争执。

要积极回应员工的异议，并作出合理的解释，不要用职位和权威施加压力或者敷衍员工，员工并不认可"考核结果是经过上级领导审核的，没有问题"的说法。

（3）反馈行为结束并不代表反馈结束，反馈的内容包括后续的持续观察，要注重反馈后员工的反应和绩效的改善情况，了解反馈的实际效果，及时进行再次沟通。

10.6 How——反馈技巧

掌握反馈技巧是反馈能产生高效的重要影响因素。在实际操作中，每一次绩效反馈的时间不宜太长，要想仅仅通过一次面谈就完成上述所有内容比较困难，而且绩效改进计划的执行结果也需要一段时间才能体现出来，还需要再次进行绩效反馈面谈加以确认，因此，最好能够进行两到三次绩效面谈。

很多成功的大公司如联想集团，都非常重视绩效反馈。绩效反馈面谈是为了肯定员工的成绩，找到问题所在，提出改进工作的意见和建议，帮助员工制定改进方案并制订下季度计划。联想集团要求每次绩效评估结束后，直接上级必须和员工进行绩效反馈面谈，而且还明文规定了绩效反馈面谈的时间和地点：选择不受干扰的地点，时间应不少于40分钟。当管理人员与员工的评估意见出现不一致时，为保证结果的客观公正，可向评估人的上一级申诉直至问题得到解决。对绩效评估中被评为C的那10%的员工，还会安排员工的评估人上级的管理人员进行复谈。

目前，大多数公司和单位都有绩效考核这一项管理步骤，有些公司和单位看上去制度非常完善，但有不少公司都忽略了在考核之后对员工进行反馈，没有为员工量身定制改进方案。员工只能私下通过薪酬对比来猜测自己的考核排名，以明确自己的工作是不是出了问题，却不知道自己究竟在什么地方存在不足。

员工之间的薪酬对比会导致员工与员工、员工与公司之间出现不和谐，加剧公司的内部消耗。如果公司能建立一个从高层领导到中层管理人员，再到员工个人的定期反馈机制，就可以提前预见并避免很多风险。如图10-3所示，绩效管理只有形成一个"PDCA"的闭环，个人和公司的绩效才能不断提升，最终实现公司的总体战略目标。

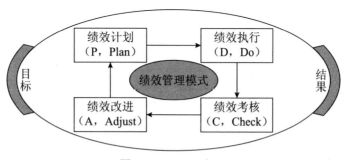

图 10-3　PDCA 闭环

绩效反馈是绩效管理的最后一步，同时也是非常重要但经常被忽视的一步，做好反馈才能将考核结果和绩效改进紧密结合起来，真正发挥绩效考核的作用，使绩效管理落到实处。因此，一定要在"5W1H"基础上，做好绩效反馈，促进绩效管理的良性循环。

10.7 案例：绩效反馈面谈之争

在本节，我们以一个案例来详细说明应当如何进行有效的绩效反馈。

案例主要人物：王云，北京某广告公司客服部经理；何梅，该公司客服部新入职员工。

月末，客户服务经理王云把绩效考核表格分发给下属的7名员工，要求员工在两天内填好并上交给她，并提醒员工近期是公司例行的月底绩效考核周期，今年每月的绩效考核结果与年度奖金发放、末位淘汰挂钩，要重视起来。

第二天下午，王云回收了7名员工的考核表格后发现，员工自评的分数全都在80分以上。这意味着部门员工的绩效表现均为优。但是，HR制定的强制分布原则是每个部门只能有20%的员工得优，这样的分数明显不符合规定。

王云根据月初制定的KPI指标，逐一对7名员工进行上司评分。按照往常的流程，在把考核表格返还给员工时，如果谁对分数有异议，可找她做绩效面谈。

虽然公司之前每月都做绩效考核，但是，并没有将考核结果与收入直接挂钩，中层经理及基层员工都不重视考核结果，绩效面谈也一直流于形式，如果员工对上司的评分没意见，绩效面谈这个流程可以直接省掉。

这一次由于绩效影响到员工的薪资和升职，何梅要求绩效面谈，王云对这件事早有心理准备。何梅入职四个月，不过，近三个月的绩效评分都不是很理想，而且这个月王云给了她一个最低分。

何梅非常坦诚地告诉王云：这个月她的KPI指标完成情况的确不够理想，也收到了几个客户的投诉单，对于得了部门最低分这件事，心里非常难过。她希望王云能告诉她接下来的工作应该怎么做，才能避免这种情况。

面对非常真诚的何梅，没有做绩效面谈准备的王云一时无言以对，无法深入为何梅解决问题。她只能先简单地安慰何梅，表示会考虑下一个月度调低她的考核指标，帮助她把工作做得更好，也会动员其他同事给她提供一些帮助。至于如何调整考核指标、提供什么样的帮助，王云表示自己也需要考虑。

何梅并不满意王云提出的解决办法，认为自己在这种非常无助和迷茫的情况下，需要自己的直接上司在工作改进方面提供有指导性的帮助，而不是没有任何价值的许诺。何梅认为，如果这次不能从根本上找到问题和解决办法，自己肯定是第一个被淘汰的员工。她再次直截了当地询问王云：怎么做才能帮助自己改善绩效？最终这个问题没有真正得到解决，两人不欢而散。

非常失望的何梅把绩效面谈的情况及结果以邮件的方式告知了HR经理刘明，对公司绩效考核的目的及直接上司的绩效面谈方式提出了质疑。"显然在她的理解里，部门经理对绩效改善表现得漠不关心，是在暗示对她的工作不满意。实际上这是由于部门经理缺乏面谈技巧与准备所造成的一个误解。由于王云没有对这方面做详细准备，也缺乏经验，简单地以调低绩效考核指标来敷衍、许诺何梅，反而给何梅带来了更重的危机感。"刘明说。

王云认为尽管公司一再强调月度考核结果会影响年底的奖金及员工去留，但起实际作用的还是年终考核结果。刘明表示，这是王云自己的一个误区，"尽管每次王云都向自己的下属强调月底绩效考核的重要性，但员工真的重视起来，需要帮助的时候，自己却毫无准备"。刘明说："实际上，绩效管理是一个需要长时间持续咨询与指导的过程，这个过程包括为员工提供在绩效方面有建设性的、目标导向的反馈，与绩效过低的员工进行更多的沟通，提供明确的改善方法。直接上司在整个考核制度中必须担当一个教练的角色，而不是仅仅把绩效管理当作年度的评估流程。"

根据这一案例，我们可以总结出绩效反馈需要的五个步骤。

（1）确定面谈内容。首先要了解员工的工作进程及工作目标，准确地找出目标与员工个人的工作水平之间的任何不足。在本案例中，王云既然给自己的下属打了一个最低分，就应该做好绩效面谈的准备，提前收集相关信息，确定面谈的主要内容，找到下属的绩效目标，对比其与下属个人工作能力之间存在的差距和问题。

（2）分享经验。在倾听员工进行自我绩效描述时，秉持客观的、非判断性的态度，准确无误地进行记录，然后在沟通中帮助员工分析出现绩效结果优劣的原因，同时分享一些自己在实际工作中积累的经验。在本案例中，王云既没有为何梅找到存在的问题，又没有向何梅提出改善绩效的方法和自己的经验，只是一味许诺，这很容易被何梅误认为自己已被放弃，经理不愿意花费时间给自己提供指导性意见。

（3）制订绩效发展的行动计划。把一个大的目标分解细化为单独的小目标，帮助下属制订完成这些小目标的计划。即使王云真的要调低何梅的考核指标，也需要具体说明调低到什么程度，将指标细化后，如何完成各个小目标，完成的时间怎样安排等。

（4）提供资源，发现问题。将目标细分并制订合理的实施计划后，王云应主动询问下属完成这些目标需要哪些帮助、缺少哪些资源，和员工一起找出完成目标过程中可能出现的潜在问题，并明确解决办法。

（5）让员工扼要重述。让员工简单明了地总结这一次的面谈重点，签订承诺书保证，让员工明确在下一次面谈之前自己必须采取的行动及需要完成的目标。同时，再次说明上司会尽可能提供资源支持。

第 11 章

绩效改进：方法 + 策略

得到绩效评估结果,并不等于整个绩效管理工作的完结。"行百里者半九十",绩效改进关乎整个绩效管理工作的成败。绩效好还是不好?如果不好,差在什么地方?为什么会不好?这些问题理不清楚,就无法有针对性地去改进绩效,提高绩效也就无从谈起。绩效改进通常需要经过三个步骤,如图11-1所示。

图11-1　绩效改进的步骤

11.1　绩效差距的成因

当发现绩效结果与预期的绩效目标出现差距后,管理人员就需要借助一些方法来找到绩效差距的幅度和产生的原因。

管理人员找出员工的绩效差距后,就要分析绩效差距产生的原因。通常来说,造成绩效差距的原因有三种,如图11-2所示。

图11-2　绩效差距的成因

环境因素是指某些内部或外部的因素导致员工未能实现预期的绩效目标。环境因素一般要从以下几个方面进行分析：员工是否获得了足够的资源支持和权利；员工是否面对了过大的外部压力；是否与员工进行了有效沟通，使员工明确了各项绩效指标；其他员工是否存在相同的环境因素。

当环境因素被证实以后，管理人员应首先在权力范围内尽最大努力去消除或减少其对员工实现绩效目标的负面影响。

当员工缺乏正确的激励时，同样会造成绩效差距。激励因素一般要从以下几个方面进行分析：员工良好的绩效考核结果是否取得了相应的激励机制支持，如薪酬、福利等；激励机制支持是否客观、公平；员工对绩效考核结果是否有正确认识。

当激励因素被证实以后，就要健全和改善激励机制，从而充分激发员工的主观能动性，消除员工疑惑和不满，促使员工在今后的工作中不断提高绩效。

个人因素是指员工在业务能力、专业知识、工作经验上的欠缺。个人因素一般要从以下几个方面进行分析：员工以前实现绩效目标的情况如何；员工有无相关工作经验，是否受到过专业的培训；是否要长期实现这一绩效目标。而且个人因素要通过培训来解决。

那么，如何才能确定绩效差距是由哪种因素引起的呢？这离不开基于有效绩效沟通的分析，其步骤如下所述。

（1）结合公司、部门和员工的具体情况，分析三个因素与绩效差距的相关性。

（2）找出绩效最佳的员工获得成功的主要因素。

（3）找出绩效最差的员工获得最低绩效的主要因素。

11.2 绩效改进：分析工作绩效差距的方法

绩效改进是指在出现工作绩效上的不足和差距时，找到产生的原因，有针对性地制定并实施改进计划和策略，提高员工能力和绩效，不断提高竞争优势的过程。

进行绩效改进的第一步是分析工作绩效差距,具体有三个方法,如图 11-3 所示。

图 11-3　分析工作绩效差距的方法

11.2.1　目标比较法

目标比较法是根据被考评人完成工作目标的情况来进行考核的,在开始工作之前,考评人和被考评人要对需要完成的工作内容、时间期限、考评标准达成一致、制订计划,然后将考评期内员工的实际工作表现与绩效计划的目标进行对比,找到产生工作绩效差距和不足的原因及解决方法。

目标比较法可以从内容、层次和时间上分期、分层、分阶段进行,也可以综合比较。将绩效计划的目标进行指标量化,使目标能直观地进行比较,形成比较的标准。

北京一家淘宝店铺主营电子产品,旗下产业涉及手机、计算机、平板、电子表等,分别有专门的部门负责销售不同种类的产品。2018 年 7 月做绩效评估时发现,手机部的老员工张扬已经连续三个月绩效为 D,但张扬自己所提交的绩效计划中目标均为 A。通过目标与实际绩效的比较可以发现,张扬的工作出现了较大的问题,但张扬本人并不觉得,部门主管与张扬多次沟通后,找到问题所在,公司更换了客服标准,张扬错过了前期的相关培训,对规定不够熟悉,频频出错,需要改进。

11.2.2　水平比较法

由于参照物不同,水平比较法有两种模式:第一种是以被评估员工上一次的绩效作为参照物,将考评期内被评估员工的这一次实际业绩与上一次的工作业绩进行比较,衡量和比较员工的进步或差距。有助于员工认清目标和确定计划的差距，自己的问题所在，及时改进，增强自己在工作中的竞争力。

同样还是该公司手机部的员工，其上月的销售业绩水平为 B，共成交了 120 多笔交易，但通过对比发现，虽然该员工这个月的业绩依然被评为 B，但是总成交数量比上个月减少了 30%。经过详细沟通后发现，出现这一问题是因为该员工在工作时带入了个人情绪，不少客户进行投诉，拉低了他的整体绩效水平。

第二种的参照对象是被考评员工同一部门、同一岗位的同事，通过员工之间绩效的对比，找出绩效差距，从而找到改进的方法，提高员工工作的积极性和主动性。

在运用水平比较法进行分析时，不要盲目进行对比，要排除外在因素影响，如请假、工龄等，选择合适的参照物。

11.2.3 横向比较法

横向比较法是指在同一部门或单位间，对各员工在统一标准下进行横向比较，在进行这一比较时应注意，对不同对象进行比较的前提条件是必须是同类或具有相同性质，处于同一时间区间。

横向比较法的目的同样是为了分析工作绩效差距，在这一目的的基础上，对员工进行比较时，找到员工的共性与特性。同时要注意绩效的可比性，要在统一的标准下进行比较，否则就失去了实际意义。

为了调动手机部员工的工作积极性，提高绩效，该公司手机部主管决定在做 8 月绩效评估时，采用横向比较法，对同一部门中绩效最好的李琴进行分析，以此来找到出现绩效差距的原因，改进整个部门的工作。

11.3 绩效改进策略

员工绩效改进策略是指根据员工有待改进、提高的绩效指标所制订的一系列有关业务能力与绩效提高的方式、方法。员工绩效改进策略通常是在管理人员的指导和协助下,由员工自己来制订,对员工当前工作能力、成果和存在的问题、工作改进计划、绩效目标要求和具体实施方法等内容达成一致。

员工绩效改进策略的核心是改进和提高绩效。如果绩效改进策略实施2～3个周期后,员工的绩效表现仍未能实现预期目标,则公司一般会考虑调岗或清退员工。

11.3.1 绩效改进策略制定的五个原则

在制定绩效改进策略之前,管理人员和员工应该就关于绩效的一些问题达成共识,一般要遵循五个基本原则,如图11-4所示。

图11-4 绩效改进策略制定的五个原则

(1)平等性原则。管理人员与员工在制定绩效改进策略时处于平等地位,双方共同为员工改进和提高绩效而制定绩效改进策略。

(2)主动性原则。对于工作岗位,员工自己最有发言权。因此在制定绩效改进策略时,管理人员需要更多地去发挥员工的主观能动性,尊重、听取员工的想法。

(3)指导性原则。在制定绩效改进策略时,管理人员要成为老师和教练,以公司的经营计划和部门的绩效目标为基础,结合员工实际情况,提出建议和指导,并提供必需的资源支持,为员工的绩效改进保驾护航。

(4)可行性原则。绩效改进策略是指导绩效改进实施的标准,因此,它一定要有可操作性,其制定的原则也要符合"SMART"原则,即做到具体的、可衡量的、可达到的、现实的和有时限的。

5. 发展性原则。绩效改进计划的目标着眼于未来，在制订与实施计划时要有长远性和战略性，把员工的个人发展与公司发展紧密联系在一起。

11.3.2 制定绩效改进策略做好三个"W"

在制定绩效改进策略时，要做好三个"W"，如图11-5所示。

图 11-5　绩效改进策略的三个"W"

（1）When 即选择合适的时间。制订绩效改进计划非常关键的一点是选择什么样的时间，不合适的时间会对制订计划产生负面效果。最好定在管理人员和员工双方都能够全身心地投入并不被其他事情打断的时间段。当员工要赶去见客户的时候，改进面谈和客户两者之间的第一选择自然会是客户，匆忙之间制订绩效改进计划自然不够详细，没有效果。

同时要合理安排每个员工的时间，不要显得过于紧凑。人力资源部门催交绩效改进计划表的时候，有些管理人员才会仓促而快速地与部门中十几名员工联系完成这项工作。

（2）Where 即选择合适的地点。一般情况下，最常用的制订绩效改进计划的场所是管理人员的办公室，因为办公室是一个相对严肃、适合谈话的场所。

但是，在制订绩效改进计划时，办公室也有局限性。首先，办公室经常会有电话、访客，这会打扰到谈话；其次，办公室的环境会让员工有明显的上下级感觉，造成层级上的压力。因此，管理人员可以在咖啡厅等气氛相对轻松又适合谈话的地方与员工进行这项工作，在这样的环境中员工会更放松，更容易表达出真实的感受。

（3）What 即备好相关的材料。在进行绩效改进计划制订工作之前，管理人员和员工都应准备所需的相关资料。管理人员需要准备的资料有：职位说明书、绩效计划、绩效评估表格、员工日常工作表现记录等。在与员工碰面之前，管理人员必须详细了解员工的各种资料，有需要的时候可以随时找到相关内容。

员工需要准备好个人发展计划。管理人员除了想听到员工对自己过去绩效的陈述和总结，更希望了解到员工计划如何进一步改善和提高绩效考评中的不足，能够自己提出发展目标和计划，这样的做法是应该鼓励员工具备的行为。

11.3.3 绩效改进的具体策略

公司实施绩效管理的过程中，绩效指标都不会是一成不变的，当绩效考核指标不再适合公司的发展战略或现状时，针对结果与标准之间的差异，给员工重新制定考核指标。这一系列的过程就是绩效改进。绩效改进不能盲目进行，需要具体的改进策略。

策略一：预防性策略与制止性策略

预防性策略是在计划实施前就明确告诉员工应该如何完成计划，让员工提前为绩效改进后的计划作准备；制止性策略是指跟踪员工的工作行为和计划实施过程，及时发现问题并进行纠正，避免员工在错误的道路上一去不回，出现较严重的后果。

策略二：正向激励与负向激励

正向激励是指制定行为标准，通过人事激励政策如升职、薪酬等方式，激发员工的工作热情，鼓励员工更加积极主动地工作。

负向激励，也被称为反向激励，它与正向激励完全相反，是采取惩罚手段对待员工，以防止和杜绝员工出现绩效低下的状况。惩罚的手段主要有：扣发工资奖金、降薪、降职、免职、解雇等。当员工出现轻微过错时，只需要采用劝解告诫的方式，以口头责备、非语言暗示（如皱眉头、耸肩等肢体语言）等行为提醒员工。

在进行正向激励与负向激励策略时，为了保证激励的有效性，要遵守以下原则。

（1）及时性。无论是正向激励还是负向激励，都需要一定的先决条件，那就是员工的行为适合激励策略,当员工表现突出或者表现欠佳时,要及时进行正向激励或者负向激励。如果时间拖得过长,那么再大强度的奖励或处罚也会失去一部分作用,达不到预期的效果。

(2)同一性。公平对待每一位员工,任何时间任何职位,当出现激励需要时,都要采用同一标准进行衡量,所有的奖惩力度都应该始终保持一致,确保奖惩的同一性和公平性。

(3)预告性。清楚明确地提前告知员工即将出现的奖惩手段,并详细具体地讲解其中的原因,无论对成绩优异还是对失误员工都能有所察觉,特别是对已经出现多次失误的人,在进行惩罚之前要预先劝导告诫,避免出现难以解决的问题。

(4)开发性。激励策略的目的是改进员工的工作状态,因此必须重视对实施者的培训和管理技能的开发,只有管理者能够熟练地掌握具体的激励技术技巧,不断地总结成功的经验和失败的教训,才能更好地实施激励策略。

策略三:组织变革策略与人事调整策略

有些时候,员工出现绩效低下的问题并不都是因为主观因素,也有可能是由于制度不合理、运行机制不健全等原因导致的。这时的绩效改进就要先系统地对组织结构进行分析,找出存在的问题,有针对性地对组织结构进行整顿和调整,从而保证员工工作绩效的提高,这就是组织变革的策略。

当绩效管理体系发展到一定程度时,可能会出现员工绩效停滞不前或各种管理措施失效的情况,这时可以采取应急性人事调整策略,为管理制度带来新的活力。

(1)工作组织调整。员工的工作绩效除了会受到个人工作态度和能力水平的影响,还会受到分工与协作方式、工作场地、工作条件和环境等外在因素影响,因此,对工作组织进行必要的调整,员工工作绩效也会发生新的变化。

(2)岗位人员调动。公司的管理中经常会出现员工个人能力很强,但放在某一团队中,绩效持续降低的情况,这可能是因为与工作岗位不匹配,不能适应同事的工作作风等。适当调整员工的工作岗位,反而能带来更明显的绩效提高。

(3)其他非常措施。当出现不符合公司价值观和制度的员工时,要果断采取措施,否则可能会影响到一大批员工,严重干扰公司的正常生产经营活动。

附 录

表1 生产企业薪酬比例表

岗位	岗位工资	绩效工资	加班工资	福利津贴	备注
一线销售人员	40%	60%	有	部分	
销售管理人员	60%	40%	有	部分	
技术人员	80%	20%	有	部分	
操作员	40%	60%	有	部分	
经理	80%	20%	有	部分	
主任	60%	40%	有	部分	
辅助人员	80%	20%	有	部分	

表2 绩效公示模板

生产部门2018年度第四季度绩效公示

根据公司2018年度绩效考核工作的安排，经部门管理团队评议、人力资源部审核，现将第一季度绩效优秀人员公示如下，公示期为一周。

生产部门优秀人员绩效公示表

工号	姓名	绩效等级	考核者评价
1			
2			
3			
4			
5			

本公示接受各位员工的监督和检查，如有异议，请向部门总监李总监反馈，反馈邮箱：×××××××@163.com。希望您实名反馈，我们将对您的反馈内容进行保密。

生产部门总监：

2018年 月 日

表3 警告书

工号		姓名		部门		职务	
兹有　　　　（以下简称当事人）于　　　年　月　日							
为严肃公司规定及教育当事人，现对该当事人作出如下处理意见：(在□内划"√") □书面警告一次 □记过一次 □记大过一次 　　希望当事人能端正思想，并保证不再重犯类似错误。若再犯，公司将加重处罚，直至解雇。由此而产生的解除劳动合同，公司将不作任何补偿！ 当事人声明：本人愿意接受以上处理，并保证不再违反！ 当事人签名： 执　罚　人： 审　批　人： 执 罚 日 期：							
说明	1. 本警告书用于员工（职员／工人）违反厂规或部门规定时使用； 2. 本警告书经当事人、相关负责人审批后由人事科存档。						

表4 员工违纪处分通知书

违纪员工姓名		品牌／部门		职务	
事实摘要：						
上述事件，根据《员工违纪处罚管理制度》，给予该员工以下处理：					
□轻微过失：__分 （10分～20分）		□一般过失：__分 （30分～50分）		□严重过失：__分 （60分～80分）	
□重大过失：__分 （90分～110分）		□赔偿公司经济损失		□移送司法机关处理	
总经理签名： 行政主管签名： 直接上级签名： 违纪员工签名：				日期： 日期： 日期： 日期：	

表5 经济处罚书

姓名		部门		岗位/职务		入职日期	
违纪时间	年　月　日　时			违纪地点			
处罚原因：							
违纪性质：违反　　　　　　　　　　规定， 属于：□轻微　　□一般　　□严重　　□重大　　□初犯　　□第　次 员工直接主管（或见证人）：　　　　　　　　　日期：							
员工直接主管处理意见：							
处罚： 行政：□警告　　□记过　　□记大过　　□调离岗位　　□辞退　　□开除　　□其他 经济：罚款＿＿＿元　　赔偿＿＿＿元　　扣工资＿＿＿元　　扣月度奖金＿＿＿元							
本违纪过失单已送达受处分人　　　　　　　　　　被处罚人签字：							
总经理：　　　　　　　　　　　　　　　　部门负责人：							

表6 员工降职审批表

姓名：		性别：	出生年月：		入职日期：
	申请部门填写		人事部填写职位变动后的职级和工资		
	部　门	职　位	职　级	月工资标准	备　注
降职降级前					
降职降级后					
申请部门负责人意见：					
总部人事部意见：					
总部领导批示：					
备注：					

表7 绩效面谈记录表

部门/处			时间	年 月 日
被考核人	姓名：		职位：	
直接上级	姓名：		职位：	

不良绩效描述（含业绩、行为表现和能力目标，请用数量、质量、时间、成本/费用、顾客满意度等标准进行描述）
原因分析：
绩效改进措施/计划：
直接上级：　　　　被考核人：　　　　年 月 日
改进措施/计划实施记录：
直接上级：　　　　被考核人：　　　　年 月 日
期末评价： □优秀：出色完成改进计划　　□符合要求：完成改进计划　　□尚待改进：与计划目标相比有差距 评价说明：
直接上级：　　　　被考核人：　　　　年 月 日

表 8 总经理业绩考核表

指标维度	KPI 指标	比重	绩效目标值（考核期内）	考核分数
财务类	净资产回报率	15%	达_____% 以上	
	主营业务收入	10%	达到_____万元	
	盈利额	10%	达到_____万元	
	总资产周转率	5%	总达到_____% 以上	
	成本费用利润率	5%	达到_____% 以上	
内部运营类	年发展战略目标完成率	15%	达到_____% 以上	
	新业务拓展计划完成率	5%	在_____% 以上	
	投融资计划完成率	5%	在_____% 以上	
客户类	市场占有率	10%	达到_____% 以上	
	品牌市场价值增长率	5%	在_____% 以上	
	客户投诉次数	5%	控制在_____次以内	
学习发展类	核心员工留存率	5%	达到_____% 以上	
	员工流失率	5%	控制在_____% 以内	

注：
（1）成本费用利润率
成本费用利润率 = 利润总额 / 成本总额 ×100%
（2）品牌市场价值增长率
品牌市场价值增长率由第三方权威机构测评得到

表 9 总经理能力考核表

指标	指标描述	等级		
		优	良	差
领导力	能够建立规范的制度秩序；能够给予下属及时的肯定和鼓励；能够指导和培养下属；能够获得下属的尊敬和认可；能指导下属展开合作			
分析/决策能力	能够见微知著，防患于未然；决策及时、果断；逻辑能力强，注重事实和数据；能够在非常条件下用非常手段解决问题			
组织/规划能力	能够分清轻重缓急，安排工作有条不紊；工作目标清晰可行；能及时将公司战略目标转化为部门具体工作任务			
控制/授权能力	知人善任，有效分配任务；能够跟进、监督下属的工作完成情况；善于给下属及时反馈和评价			
沟通能力	能够有效化解矛盾、解决问题；演讲能力			
人才培养	能够挖掘可塑之才，为公司培养人才			
创新能力	能够不断发现现有系统的不足并加以改进；善于提出创新方法提高效率			

表10 基层管理者绩效评分表

内容指标	具体指标	等级			
		A（90分以上）	B（80分到90分）	C（70分到80分）	D（70分以下）
绩效成绩	工作质量（22分）	工作质量突出	按期完成任务，工作质量高于一般水平	工作质量处于平均水平，能完成任务	工作质量低劣，错误率高
	工作效率（18分）	解决问题迅速	日常工作效率高	有时需要催促，效率一般	工作拖拉
素质结构	事业心（5分）	始终保持明确的奋斗目标和旺盛工作热情，肯钻研，有进取	热情高，有进取心	能吃苦，但工作热情不持久	得过且过
	竞争力（5分）	有明确的竞争目标和拼搏精神，竞争能力强	有一定拼搏精神	偶有竞争动机，但不是长期的，缺乏长久的内驱力	工作没有竞争目标和动机
	责任感（5分）	尽职尽责，积极承担工作责任	工作尽责，能承担一定的工作责任	尚能负责，但不勇于承担责任	经常推卸责任
	协作精神（5分）	善于团结不同观点的人一道工作	善于在融洽条件下展开合作，具有一定忍耐不同意见的能力	不善于同别人合作，自我意识较强，不能容忍他人过错	有意破坏合作
智力评价	专业知识（5分）	具有本科以上或相当水平的专业理论和专业基础知识	具有本科或相当水平的专业理论知识	具有大专或相当水平的专业理论知识	具有中专或相当水平的专业理论知识
	自学能力（5分）	能较快掌握系统知识，通过自学能较快胜任工作	自学能力强，对新知识的理解能力强、吸收快	能自学成才，但对新知识理解不够透彻	自学能力差，不能及时更新新知识
	观察力（5分）	善于细心观察，发现一般不易发现或不容忽略的问题	善于观察，发现工作中一般性疑难问题	能发现工作中存在的一些比较明显问题	对工作中的问题熟视无睹，缺乏必要的观察力
	记忆力（5分）	准确度高，熟练掌握与本职工作相关的基础数据和常识	准确度较高，对常用数据和知识了解较为熟悉	有时需查找一些关键事件	不能记住一些常用基础知识

续表

内容指标	具体指标	等级			
		A（90分以上）	B（80分到90分）	C（70分到80分）	D（70分以下）
能力结构	说服力（6分）	能根据对方心理，通过不同的沟通技巧，巧妙地使人接受	谈吐亲切平常，能抓住重点，说服别人	疏导技巧一般，尚能为人接受	谈话生硬刻板，难以为人接受
	人际交往（6分）	善于合作和帮助别人，能与大家打成一片，具有一定的威信	待人和气，乐于助人，同人相处融洽	能与大多数人一起融洽地工作	个性孤僻，容易同人冲突
	处理问题（8分）	善于及时、正确地解决工作中碰到的重大问题	能较快、正确地解决工作中碰到的疑难问题	能较快地解决工作中碰到的问题	对工作中碰到的问题，无能为力、不知所措

表11 财务部基层管理者考核指标量表

绩效指标	权重	绩效目标值	评分标准	得分
部门工作计划完成率	15%	考核期内部门工作计划完成率达100%	• 完成率为100%，15分 • 完成率为90%，10分 • 完成率为90%以下，0分	
部门管理费用控制	10%	考核期内部门管理费用控制在预算范围之内	• 在预算范围内，10分 • 超出预算10%以内，5分 • 超出预算10%以上，0分	
财务计划编制及时率	10%	考核期内财务计划编制及时率在____%以上	• 达标，10分 • 低于标准5%以内，5分 • 低于标准超过5%，0分	
财务体系规范化目标达成率	10%	考核期内财务体系规范化目标达成率在____%以上	• 达标，10分 • 低于标准5%以内5分；低于标准超过5%，0分	
公司财务预算控制率	10%	考核期内公司财务预算控制率在____%以上	• 达标，10分 • 低于标准5%以内，5分 • 低于标准超过5%，0分	
财务数据准确度	10%	考核期内提交的各类报表、报告中数据出错的次数控制在____次以内	• 达标，10分 • 超标，0分	

续表

绩效指标	权重	绩效目标值	评分标准	得分
报表编制及时率	10%	考核期内报表编制及时率在____%以上	• 达标，10 分 • 低于标准5%以内，5 分 • 低于标准超过5%，0 分	
财务费用降低率	10%	考核期内财务费用降低率在____%以上	• 达标，10 分 • 低于标准5%以内，5 分 • 低于标准超过5%，0 分	
现金收支准确性	5%	考核期内现金收支出错次数在____次以内	• 达标，5 分 • 超标，0 分	
财务资料完好性	5%	考核期内财务资料损坏、丢失、泄露的次数控制在____次以内	• 达标，5 分 • 超标，0 分	
员工管理	5%	考核期内部门员工绩效考核平均得分在____分以上	• 达标，10 分 • 未达标，0 分	

本次考核总得分：_____

被考核人签字： 考核人签字：

表 12　生产部门基层管理者的绩效考核表

考核指标	权重	指标要求	评分规则	得分
生产原材料成本控制率	10%	原材料成本控制在总生产成本的____%以内	• 生产原材料成本控制率在标准以内，得 10 分 • 生产原材料成本控制率在标准 +5% 以内，得 5 分 • 生产原材料成本控制率超过标准 +5%，得 0 分	
生产原材料次品率	10%	原材料次品率不超过千分之____	• 生产原材料次品率为标准以内，得 10 分 • 生产原材料次品率为标准 + 千分之一，得 5 分 • 生产原材料次品率超过标准 + 千分之一，得 0 分	

续表

考核指标	权重	指标要求	评分规则	得分
生产总成本控制	20%	生产总成本较同期降低 ___	• 生产成本降低率大于标准，得 20 分 • 生产成本降低度标准，得 10 分 • 生产总成本未降低或超出预算，得 0 分	
生产目标实现率	10%	生产目标实现率超 ___ %	• 生产目标实现率超过目标，得 10 分 • 生产目标实现率低于目标，得 0 分	
生产流程体系的建立与完善	15%	建立了完善的生产管理管理制度、方法、流程	• 完成率在 90% 以上 15 分 • 完成率在 85% 以上 10 分 • 完成率低于 80% 为 0 分	
安全培训	5%	每月安全培训超 ___ 课时	• 达到标准，5 分 • 未达到，0 分	
安全事故控制	10%	无安全事故发生	• 无事故发生，10 分 • 有事故发生 0 分	
指挥能力	10%	1 级：指挥命令清楚 2 级：详细指导 3 级：能够处理纠纷，控制场面 4 级：团队工作井然有序 5 级：指挥具有艺术性	• 1 级 2 分 • 2 级 4 分 • 3 级 6 分 • 4 级 8 分 • 5 级 10 分	
责任心	5%	1 级：愿意承认结果 2 级：承担责任，不推卸，不指责 3 级：承担责任并着手解决问题 4 级：举一反三，改进业务流程 5 级：做事有预见，有备选方案	• 1 级 1 分 • 2 级 2 分 • 3 级 3 分 • 4 级 4 分 • 5 级 5 分	
领导力	5%	1 级：能正确评价员工付出与回报 2 级：知人善用 3 级：对员工业绩与态度进行客观评价，不偏不倚 4 级：能够带领员工进步 5 级：影响力大，员工自愿追随并付出贡献	• 1 级 1 分 • 2 级 2 分 • 3 级 3 分 • 4 级 4 分 • 5 级 5 分	
总得分				
绩效等级	□A 级　□B 级　□C 级　□D 级　□E 级 等级划分标准：60 分以下：E 级 - 差级；60-70 分：D 级 - 及格；70-80 分：C 级 - 良好；80-90 分：B 级 - 胜任；90-100 分：A 级 - 优秀			
绩效工资系数	□ 0　　□ 0.5　　□ 0.7　　□ 0.8　　□ 1 系数选择标准：E 级 :0；D 级 :0.5；C 级 :0.7；B 级 :0.8；A 级 :1			

表 13　研发部基层管理者量化考核表

指标维度	具体指标	权重比例	内容描述	目标值	实际值
财务	新产品利润贡献率	15%	成功推出新产品	达到____%	____%
财务	项目研发成本比率	10%	节约成本，减少浪费	控制在预算范围内	是/否超出预算
内部运营	按时完成项目比例	15%	提高项目的准时率	达到____%	____%
内部运营	科研成果转化率	10%	提高科研成果的实际应用率	达到____%	____%
内部运营	产品开发周期	10%	控制开发周期，缩短产品上市周期	控制在__天内	____天
内部运营	发明专利数	10%	促进技术创新，建立行业壁垒，保护知识产权	至少____个	____个
客户	客户满意度	15%	提高客户满意度	达到____%	____%
客户	内部合作满意度	5%	公司内部合作情况	达到____%	____%
学习与发展	培训目标完成情况	5%	加强员工技术技能	达到____%以上	____%
学习与发展	核心员工保留率	5%	保留优秀员工	达到____%	____%

最终得分：

考核等级：
（等级说明：85 分以上为"优秀"，75 分到 84 分为"良好"，65 分到 74 分为"一般"，65 分以下为"差"）

被考核者签名：　　　　　　　　　　　　　　　　考核者签名：

表 14　员工综合能力考核表

	描述（每项满分 2.5 分）	得分
主动性和创造性	为达到工作目标而积极地做出有影响力的尝试	
主动性和创造性	主动开展工作而非一味被动服从	
主动性和创造性	从有限的资源中创造出尽可能多的成果	
主动性和创造性	主动开展工作力求超越预期目标	
主动性和创造性	将有创造性的思想加以完善	
主动性和创造性	勇于向传统模式提出挑战并进行有创造性的尝试	
主动性和创造性	是否善于发现资源、进行完善及富于创造性	

续表

	描述（每项满分2.5分）	得分
对客户的关注程度	对内部及外部客户能够坚持关注其期望值及需求	
	掌握客户的第一手资料并用于改进自身的产品及服务	
	对客户的需求进行积极响应并提出改进办法	
	以客户为中心进行交谈并付诸行动	
	能赢得客户的信任和尊重	
	能与客户建立良好的人际关系	
判断力及时效性	判断准确并能够同时考虑到其它选择衣后果	
	能够及时并根据工作时间表做出判断	
	尽管付诸行动时存在不确定性，但能够表对风险完成工作	
	能够针对严重问题提出解决意见	
	能够判断潜在的问题及形式	
沟通能力	能够倾听并表达自己对有关信息的认知	
	能够征求意见并做出积极的回应	
	能够通过书面和口头形式阐明扼要地进行正确表达并产生同样的效果	
	能够撰写高水平的局面材料并进行演示	
	能够确保其书面材料在专业上的可靠性	
	能够在有关交谈中引述相关咨讯	
工作责任心	出席会议发问及遵守时间情况	
	可信度和可依赖度	
	接受工作任务情况及本人对完成工作的投入程度	
	乐于与其他人共事并提供协助	
	能够节约并有效控制开支	
	能够对其他人起到榜样的作用	
计划性	能够有效制定自我工作计划并确定资源	
	能够准确划定工作和项目的期限及难度	
	能够预测问题并制定预案	
工作质量	对工作中的细节及准确度给予应有的重视	
	能够按时高质量地完成工作	
	准确完成工作并体现出应有的专业水平	
团队精神	能够与本组人员一起有效地工作并共同完成本组织工作目标	
	能够与上级并下属分享咨询，乐于协助同事解决工作中的问题	
	能够以行动表达对他人需求的理解以及成就的赞赏	
	能够与他人共享成功的喜悦	

表 15　股权激励分红绩效考核表

应激励额度为＿＿万股（此项应依据岗位价值评估和可分配虚拟股份资源确定）		
考核项目	内容要求	评估结果
价值观	1. 价值观应和公司保持一致； 2. 一票否决制	
绩效目标	1. 90≤绩效评分，系数为 1； 2. 80≤绩效评分＜90，系数为 0.8； 3. 70≤绩效评分＜80，系数为 0.7； 4. 60≤绩效评分＜70，系数为 0.6； 5. 绩效评分＜60，系数为 0	绩效考核成绩为＿＿， 系数为＿＿
行为表现	1. 违纪次数不超过＿＿次； 2. 一票否决制	
人才培养	1. 应培养出一名合格的＿＿（依据岗位填写）； 2. （是/否）培养成功：培养合格，系数为 1；培养不合格，系数为 0.9	系数为＿＿
实际激励额度为＿＿万股。 计算公式：实际激励额度＝应激励额度×绩效目标系数×人才培养系数		

[1] 张东民,谢康.员工绩效计划管理研究[J].现代管理科学,2009(6):95-97.

[2] 朱艳艳.市场经济条件下我国中小企业绩效管理体系对策研究绩效计划制定[J].市场观察,2016(4).

[3] 陈波,佟仁城,孟岳松.组织目标导向的员工绩效计划[J].中国人力资源开发,2004(10):54-55.

[4] 郑伟.XD公司员工绩效管理体系的研究与设计[D].西南财经大学,2007.

[5] [美]约翰·惠特莫尔.绩效辅导[M].孙璐璐,廉晓红译.北京:中国人民大学出版社,2006.

[6] 谭彬霞.绩效辅导在企业绩效管理中的作用[J].现代经济信息,2013(18):79.

[7] 李红卫,徐时红.绩效考核的方法及关键绩效指标的确定[J].经济师,2002(5):152-153.

[8] 谢艳红,徐玖平.战略绩效考核工具——平衡计分卡(BSC)[J].商业研究,2005(9):141-143.

[9] 杨梅.基于量化指标的管理人员绩效考核体系设计[J].中国卫生质量管理,2011,18(3):75-76.

[10] 李娜.浅谈基于KPI的部门绩效量化考核[J].人力资源管理,2017(7):168-169.

[11] 李元勋.绩效反馈"六原则"[J].人才资源开发,2006(7):90.

[12] 王永丽,时勘.绩效反馈研究的回顾与展望[J].心理科学进展,2004,12(2):282-289.

[13] 田家华,张光进,姜炜.论PA的一项棘手工作:绩效反馈[J].科技管理研究,2008,184(6):121-122.